船舶保安意识与职责

主　编　赵传贝
副主编　车业军　亓学芸
参　编　田　野　黄世腾　王庆占　谢永志
主　审　王连海　顾惠生

西南交通大学出版社
·成　都·

图书在版编目（CIP）数据

船舶保安意识与职责 / 赵传贝主编. —成都：西南交通大学出版社，2018.7

ISBN 978-7-5643-6261-4

Ⅰ. ①船… Ⅱ. ①赵… Ⅲ. ①海船－船舶安全－技术培训－教材 Ⅳ. ①U698

中国版本图书馆 CIP 数据核字（2018）第 144180 号

船舶保安意识与职责

主　编 / 赵传贝

责任编辑 / 杨　勇
助理编辑 / 宋浩田
封面设计 / 严春艳

西南交通大学出版社出版发行
（四川省成都市二环路北一段 111 号西南交通大学创新大厦 21 楼　610031）
发行部电话：028-87600564　028-87600533
网址：http://www.xnjdcbs.com
印刷：成都中永印务有限责任公司

成品尺寸　185 mm × 260 mm
印张　7　　字数　149 千
版次　2018 年 7 月第 1 版　　印次　2018 年 7 月第 1 次

书号　ISBN 978-7-5643-6261-4
定价　26.00 元

课件咨询电话：028-87600533
图书如有印装质量问题　本社负责退换

前言 // PREFACE

2010 年 6 月 21 日至 6 月 25 日，在马尼拉召开的各缔约国外交大会上审议通过了《STCW78/10》修正案，并于 2012 年 1 月 1 日起正式生效。和以往的公约相比，我们可以发现，自美国“9 · 11”事件之后，保安培训在国际船舶航运产业中的安保水平提高起到了不可忽视的作用。由于海盗活动猖獗，航运安全正受到严重挑战，随着航运经济发展的日新月异以及航运科技的不断发展，公约修正案对海员的培训标准中的保安培训发证的条例提出了新的要求。

《STCW78/10》修正案在船舶保安方面做了修正：为适应海上运输保安的需要，增设了“船舶保安员”“负有保安职责培训合格证书”“熟悉和保安意识培训合格证书”。其中所有船员必须持有“熟悉和保安意识培训合格证书”（Z07），被指定负有保安职责的海员则还应持有“负有保安职责培训合格证书”（Z08）。

为了加强符合公约中关于船舶保安部分的要求，特编写此书。主要针对“负有保安职责培训合格证书”“熟悉和保安意识培训合格证书”的培训基地学员内部培训、教学使用。

中华人民共和国济南海事局对本书的编写给予了充分的关心和支持，并参加了本书的编审工作。在此向他们表示深切的感谢。

本教材由山东理工职业学院航海学院赵传贝主编，由高级船长顾惠生主审，车业军、亓学芸、田野等参加了本教材的编写；最后由赵传贝统稿。

鉴于船舶保安培训属于新公约增设的内容，还没有足够完善的培训实践，加上时间紧迫，作者水平有限，因此书中难免有不足之处。希望广大读者能予以谅解并指正。

编　者

2018 年 3 月

目录 // CONTENTS

第一章　概　述

第一节　经修正的 1974《SOLAS》公约第 XI-2 章

经修正的 1974《SOLAS》公约第 XI-2 章是关于加强船舶保安的特别措施，共由 13 条组成，包括：定义、适用范围、缔约国政府的保安义务、对公司和船舶的要求、公司的具体责任、船舶保安警报系统、对船舶的威胁、船长对船舶安全和保安的决定权、控制和符合措施、对港口设施的要求、替代保安协议、等效保安安排和资料的送交。

一、定　义

（1）船/港界面活动系指当船舶受到往来于船舶的人员、货物移动或提供港口服务等活动的直接和密切影响时发生的交互活动。

（2）港口设施系由缔约国政府或由指定当局确定的发生船/港界面活动的场所，其中包括锚地、候泊区和进港航道等区域。

（3）船到船活动系指涉及物品或人员从一船向另一船转移的任何与港口设施无关的活动。

（4）国际船舶和港口设施保安《ISPS》规则系指《1974 年国际海上人命安全公约》缔约国政府会议于 2002 年 12 月 12 日以第 2 号决议通过的《国际船舶保安和港口设施保安规则》，由 A 部分（其规定应视为具有强制性）和 B 部分（其规定应视为具有建议性）组成。

（5）指定当局系指在缔约国政府内所确定的负责从港口设施的角度确保实施本章涉及港口设施保安和船/港界面活动规定的机构或行政机关。

（6）保安事件系指威胁船舶（包括海上移动式钻井平台和高速船）、港口设施或任何船/港界面活动或任何船到船活动保安的任何可疑行为或情况。

（7）保安等级系指企图造成保安事件或发生保安事件的风险级别划分。

（8）保安声明系指船舶与作为其界面活动对象的港口设施或与其他船舶之间达成谅解的书面记录，规定了各自将实行的保安措施。

二、适用范围

1)《SOLAS》公约第 XI-2 章适用于：

(1) 以下各类从事国际航行的船舶。

① 客船，包括高速客船；

② 总质量 500 吨及以上的货船，包括高速货船；

③ 海上移动式钻井平台。

(2) 为此类国际航行船舶服务的港口设施。

2) 尽管有为此类国际航行船舶服务的港口设施的规定，但对于其境内主要服务于非国际航行的船舶，仅偶尔需要为到港或离港的国际航行船舶服务的港口设施，缔约国政府仍应决定本章和《ISPS》规则 A 部分的相关章节在何种程度上适用于这些港口设施。

(1) 缔约国政府应在按照《ISPS》规则 A 部分开展的港口设施保安评估的基础上，根据上述 (2) 的内容做出决定。

(2) 缔约国政府根据上述 (2) 所做的任何决定不应降低本章或《ISPS》规则 A 部分所要达到的保安水平。

3)《SOLAS》公约第 XI-2 章不适用于军舰、海军辅助船或由缔约国政府拥有或经营的并仅用于政府非商业性服务的其他船舶。

4)《SOLAS》公约第 XI-2 章中的任何内容均不影响国际法赋予各国的权利或义务。

三、缔约国政府的保安义务

(1) 主管机关应为悬挂其国旗的船舶规定保安等级并确保向其提供保安等级方面的信息。当保安等级发生变化时，保安等级信息应根据情况予以更新。

(2) 缔约国政府应为其境内的港口设施、进入其港口前的船舶或在其港口内的船舶规定保安等级并确保向其提供保安等级方面的信息。当保安等级发生变化时，应根据情况对保安等级信息予以更新。

四、对公司和船舶的要求

(1) 公司应符合本章和《ISPS》规则 A 部分的相关要求，并考虑到《ISPS》规则 B 部分提供的指导。

(2) 船舶应符合本章和《ISPS》规则 A 部分的相关要求，并考虑到《ISPS》规则 B 部分提供的指导，对此种情况应按《ISPS》规则 A 部分的规定予以验证和发证。

(3) 船舶在进入缔约国境内的港口之前，或在缔约国境内的港口期间，如果缔约国政府规定的保安等级高于该船主管机关为其规定的保安等级，船舶应符合缔约国规定的保安等级要求。

(4) 船舶应对改为更高的保安等级做出响应，不得有不当延误。

（5）如果船舶不符合本章或《ISPS》规则 A 部分的要求，或不能符合主管机关或另一缔约国政府规定的对其适用的保安等级要求，则该船应在进行任何船/港界面活动之前，或在进港之前（以时间在先者为准）通知有关主管当局。

关于公司的具体保安责任、船舶保安警报系统、船长对船舶安全和保安的决定权、控制和符合措施等内容将在后面的章节中介绍。

第二节　国际船舶和港口设施保安《ISPS》规则

一、ISPS 规则产生的背景

2001 年美国“9·11”事件后，国际海事组织做出了迅速反应。同年 11 月，国际海事组织召开第 22 届大会，一致同意要制定关于船舶和港口设施保安的新措施。2002 年 12 月 9 日至 13 日，在英国伦敦国际海事组织（IMO）总部召开了海上保安外交大会，讨论并通过了旨在建立一个加强海上运输安全、防止和抵制恐怖主义行动的综合性海上保安体系的规章和文件，即：1974《SOLAS》公约修正案、国际船舶和港口设施保安规则《ISPS》规则及其他决议。《SOLAS》公约修正案和《ISPS》规则于 2004 年 7 月 1 日起生效。如果届时还没能获得《国际船舶保安证书》的，船舶将不能参与国际营运。

二、实施《ISPS》规则的目的

（1）建立一个缔约国政府、政府部门、地方行政机关和航运业及港口业进行合作的国际框架，以探察保安威胁并针对影响到用于国际贸易的船舶或港口设施的保安事件采取防范措施；

（2）确立缔约国政府、政府部门、地方行政机关和航运业以及港口业各自在国内和国际层面上关于确保海上保安的作用和责任；

（3）确保及时和有效地收集和交流与保安有关的信息；

（4）提供一套用于保安评估的方法，以具备对保安等级的变化做出反应的计划和程序，确保对具备充分和恰当的海上保安措施抱有信心。

三、基本要求

1．ISPS 对缔约国的要求

1）依照第 XI-2/3 和 XI-2/7 条的规定，缔约国政府应规定保安等级并为防止保安事件的发生提供指导。较高的保安等级表明发生保安事件的可能性较大。在规定适当的保安等级时应考虑的因素包括：

（1）威胁信息的可信程度；

（2）威胁信息得以佐证的程度；

（3）威胁信息的具体或紧迫程度；

（4）该保安事件的潜在后果。

2）缔约国政府在规定保安等级 3 时，应发出必要的适当指令，并应向可能受到影响的船舶和港口设施提供与保安有关的信息。

3）缔约国政府可以将第 XI-2 章和规则本部分为其规定的某些与保安有关的职责授权给经认可的保安组织，但以下职责除外：

（1）规定适用的保安等级；

（2）批准港口设施保安评估和已批准评估的后续修订；

（3）确定须指定港口设施保安员的港口设施；

（4）批准《港口设施保安计划》和已批准计划的后续修订；

（5）根据第 XI-2/9 条采取监督和符合措施；

（6）规定关于《保安声明》的要求。

4）缔约国政府应在其认为合适的限度内，测试其所批准的（或对于船舶而言，代表其批准的）船舶或港口设施保安计划或它们的修订内容的有效性。

2. ISPS 对船公司和船舶的要求

（1）公司应符合本章和《ISPS》规则 A 部分的相关要求，并考虑到《ISPS》规则 B 部分提供的指导。

（2）船舶应符合本章和《ISPS》规则 A 部分的相关要求，并考虑到《ISPS》规则 B 部分提供的指导，对符合规则和要求的应按《ISPS》规则 A 部分的规定予以验证和发证。

（3）船舶在进入缔约国境内的港口之前，或在缔约国境内的港口期间，如果缔约国政府规定的保安等级高于该船主管机关为其规定的保安等级，船舶应符合缔约国规定的保安等级要求。

（4）船舶应对改为更高的保安等级做出响应，不得有不当延误。

（5）如果船舶不符合本章或《ISPS》规则 A 部分的要求，或不能符合主管机关或另一缔约国政府规定的对其适用的保安等级要求，则该船应在进行任何船/港界面活动之前，或在进港之前（以时间在先者为准）通知有关主管当局。

3. ISPS 对港口设施的要求

应在港口设施保安评估的基础上，为每个港口设施制订适合于船/港界面的《港口设施保安计划》并予以维护。该计划应针对规则本部分所定义的三个保安等级做出规定。在第 16.2 节规定的前提下，经认可的保安组织可以为某一具体港口设施制订《港口设施保安计划》。

应为每个港口设施指定一名港口设施保安员。可指定一人为一个或数个港口设施的港口设施保安员，并应考虑到本规则B部分提供的指导，使港口设施保安员和适当的港口设施保安人员具备知识并接受培训。

第三节 《STCW78/10》公约修正案规定的保安培训标准

一、针对所有海员的与保安有关的培训和训练的强制最低要求

1. 保安熟悉培训适任标准

1）除旅客外，所有受雇或从事受《ISPS》规则约束的海船工作的人员，在被指派船上职责之前，应该接受被认可的与保安有关的熟悉培训，并考虑B部分给予的指导，以能够：

（1）报告保安事件，包括海盗或武装抢劫的威胁或袭击；

（2）当确信存在保安威胁时，知道要遵循的程序；

（3）加入与保安有关的应急程序。

2）受雇或从事海船工作的承担指定的保安责任的人员，在被指派船上职责之前，应该接受适于其职责和责任的与保安有关的熟悉培训，并考虑B部分给予的指导。

3）应该由船舶保安员或具有同等资格的人进行与保安有关的熟悉培训。

2. 保安意识培训适任标准

1）除旅客外，所有受雇或从事受《ISPS》规则约束的海船工作的不承担指定的保安责任的在编人员，在被指派船上职责之前，应该：

（1）接受适当的认可的在表A-VI/6-1列出的保安意识方面的培训和训练；

（2）提供已经达到按表A-VI/6-1第1栏列出所承担的任务、职责和责任所要求的适任标准的证据：

① 根据A-VI/6-1第3栏和第4栏所列的评价适任的方法和标准，表明适任能力；

② 考试或连续评估，作为A-VI/6-1第2栏所列科目的认可的培训计划的组成部分。

3. 过渡条款

“生效日期后两年”，在本节生效前已经开始了认可的海上服务的海员应能够通过下列的各项确定第4款的要求：

（1）前三年内合计至少有6个月的时间以船员的身份从事经认可的海上服务；

（2）从事保安工作职能并等效于第 5.1 款所要求的海上服务；

（3）通过认可的测试；

（4）成功地完成认可的培训。

二、对那些负有指定保安责任的人员的强制性最低适任标准

1）每个被指定履行包括防海盗和武装抢劫相关活动的保安职责的船员应表明承担表 A-VI/6-2 栏所列的任务、职责和责任的适任能力。

2）表 A-VI/6-2 第 2 栏所列明的科目的知识水平应足够使每一个证书申请人能够执行船上指定的保安责任，包括与防海盗和防武装抢劫相关的活动。

3）每一申请证书人应依据下列各项提供已经达到所要求的适任标准的证据：

（1）按表 A-VI/6-2 第 3 栏、第 4 栏列明的表明适任的方法和评估适任的标准，提供具有执行表 A-VI/6-2 第 1 栏列出的任务、职责和责任的适任能力；

（2）考试或连续的评估，作为涵盖表 A-VI/6-2 第 2 栏所列材料的培训计划的组成部分。

4）过渡条款。

直到“生效日期后两年（2014 年 1 月 1 日止）”，在本节生效前已经开始了认可的海上服务的海员应能够通过下列的各项确定他们满足表 A-VI/6-2 第 1 栏的要求：

（1）在前三年内合计至少有 6 个月的时间以船员的身份从事经认可的海上服务；

（2）从事保安工作职能并等效于第 9.1 款所要求的海上服务；

（3）通过认可的测试；

（4）成功地完成认可的培训。

附表：

表 A-VI/6-1　保安意识的最低适任标准

第 1 栏	第 2 栏	第 3 栏	第 4 栏
适任	知识，理解和熟练	表明适任的方法	评估适任的标准
（一）通过增强意识来加强海上保安	关于海上保安条款和定义的基本应用知识； 包括可能与海盗和武装抢劫有关的海上保安术语和定义的基本工作知识； 关于国际海上保安政策和政府、公司及个人责任的基本知识； 关于海上保安等级和它们对在海上和港口设施采取海上保安措施和程序的影响的基本知识； 保安报告程序的基本知识； 与保安相关的应急计划的基本知识	评估从认可的培训或认可的课程测试中获取的证据	正确地指明有关增强海上保安的要求

续表

第1栏	第2栏	第3栏	第4栏
适任	知识，理解和熟练	表明适任的方法	评估适任的标准
（二）保安威胁的确认	规避保安措施的技术的基本知识； 能够确认包括海盗和武装抢劫有关的事项在内的潜在保安威胁的基本知识； 能够帮助识别武器、危险物质和设备的基本知识，并清楚它们能够引起的损害； 处理保安相关信息和保安相关通信的基本知识	评估从认可的培训或认可的课程测试中获取的证据	正确地识别海上保安威胁
（三）理解保持保安意识和警惕性的必要性和方法	有关的公约、规则和IMO通函中关于培训、演习和练习要求的基本知识，包括与防海盗和武装抢劫有关的知识	评估从认可的培训或认可的课程测试中获取的证据	正确地指明与增强海上保安有关的要求

表 A-VI/6-2　负有指定保安职责的船员的最低适任标准

第1栏	第2栏	第3栏	第4栏
适任	知识，理解和熟练	表明适任的方法	评估适任的标准
（一）保持船舶保安计划所设定的状态	海上保安术语和定义的应用知识，包括可能与海盗和武装抢劫有关的术语； 国际海上保安方针和政府、公司及个人的职责的知识，包括可能与海盗和武装抢劫有关的部分的应用知识； 海上保安的级别和因此而对船舶以及港口设施造成影响的知识； 保安报告程序的知识； 有关公约、规则和IMO通函要求的演习和演习程序的知识，包括与防海盗和防武装抢劫有关的知识； 执行检查和检验、控制并监控船舶保安计划列明的保安活动的程序的知识； 保安相关的应急计划和应对保安威胁或保安意外的程序的知识，包括保持船/岸界面关键操作的程序，也包括那些可能与海盗和武装抢劫有关的知识	评估从认可的培训或认可的课程测试中获取的证据	评估从认可的培训或认可的课程测试中获取的证据
（二）识别安全风险和威胁	保安文件化知识，包括保安声明； 规避保安措施的技术的知识，包括海盗和武装抢劫分子使用的技术的知识；识别潜在保安危险的知识； 识别武器、危险品、危险装置的知识以及对其危害后果的警觉，拥挤人群管理和控制技巧的知识（如适用）处理与保安相关的敏感信息和保安通信的知识； 贴身搜查和使用非冒犯式搜查方法的知识	评估从认可的培训或认可的课程测试中获取的证据	程序和措施符合《国际船舶和港口设施保安规则》和经修订的《国际海上人命安全公约》的要求

续表

第 1 栏	第 2 栏	第 3 栏	第 4 栏
适任	知识，理解和熟练	表明适任的方法	评估适任的标准
（三）对船舶进行定期的保安检查	监督受限制区域的技术的知识； 控制上船通道和船上限制区域的知识； 有效监督甲板区域和船舶周围环境的方法的知识； 控制人员登离船和船舶通道的方法的知识并警惕其后果	评估从认可的培训或认可的课程测试中获取的证据	程序和措施符合《国际船舶和港口设施保安规则》和经修订的《国际海上人命安全公约》的要求
（四）正确使用保安设备和系统	各种保安设备和系统以及其局限性的知识，包括那些一旦发生海盗和武装抢劫时使用的设施的知识； 测试、校准和维护保安系统和设备的必要性的知识，特别是在海上的情况下	评估从认可的培训或认可的课程测试中获取的证据	按照设备操作指南并考虑到设备和系统的局限性的情况下的操作设备和系统、程序和措施符合《国际船舶和港口设施保安规则》和经修订的《SOLAS》公约的要求

第二章 《ISPS》规则的框架和基本内容

第一节 基本结构

《ISPS》规则由三个部分构成。第一部分是序言，主要描述了IMO有关修改《SOLAS》公约和制定《ISPS》规则的工作过程，指出《SOLAS》公约第XI-2章的规定和本规则适用于船舶和港口设施。序言指出，在起草规定时，应注意确保与经过修正的《STCW》公约、《ISM》规则以及检验和发证协调系统（HHSC）的规定之间的相容性。序言强调，在实施《SOLAS》公约第XI-2章和本规则A部分的海上保安规定时应考虑到本规则B部分所提供的指导。

该规则正文由A部分（强制性规则）和B部分（建议性指导）组成。A部分中包括对政府、港口组织和航运公司与保安相关的详细要求；B部分则是对如何达到这些要求提出的指导建议（目前美国已把B部分列入强制性范畴，CCS也计划随后跟进）。

第二节 基本定义

1）除非另有明文规定，就本部分而言定义如下。

（1）“公约”系指《ISPS》《1974年国际海上人命安全公约》。

（2）“第…条”系指公约的第…条。

（3）“第…章”系指公约的第…章。

（4）《船舶保安计划》系指为确保在船上采取旨在保护船上人员、货物、货物运输单元、船舶物料或船舶免受保安事件威胁的措施而制订的计划。

（5）《港口设施保安计划》系指为确保采取旨在保护港口设施和港口设施内的船舶、人员、货物、货物运输单元和船上物料免受保安事件危胁的措施而制订的计划。

（6）船舶保安员系指由公司指定的承担船舶保安责任的船上人员，此人对船长负责，其责任包括实施和维护《船舶保安计划》以及与公司保安员和港口设施保安员进行联络。

（7）公司保安员系指由公司所指定的人员，负责确保船舶保安评估得以开展，《船舶保安计划》得以制订、提交批准、而后得以实施和维持，并与港口设施保安员和船舶保安员进行联络。

（8）港口设施保安员系指被指定负责制订、实施、修订和维持《港口设施保安计划》以及与船舶保安员和公司保安员进行联络的人员。

（9）保安等级 1 系指应始终保持的适当最低保护性保安措施的等级。

（10）保安等级 2 系指由于保安事件危险性升高而应在一段时间内保持适当的附加保护性保安措施的等级。

（11）保安等级 3 系指当保安事件可能或即将发生（尽管可能尚无法确定具体目标）时应在一段有限时间内保持进一步的特殊保护性保安措施的等级。

2）本规则所用的“船舶”一词包括第 XI-2/1 条所定义的移动式海上钻井平台和高速船。

3）在《ISPS》规则第 14 至 18 节中，在任何涉及港口设施的情况下使用的“缔约国政府”一词，包括提及的“指定当局”。

4）本部分未予另行定义的术语，其含义与第 I 章和第 XI-2 章所赋予的含义相同。

第三节　适用范围

1）本规则适用于：

（1）以下各类从事国际航行的船舶：

① 客船，包括高速客船；

② 500 总吨及以上的货船，包括高速货船；

③ 移动式海上钻井平台；

（2）为此类国际航行船舶服务的港口设施。

2）本规则所用的“船舶”一词包括第 XI-2/1 条所定义的移动式海上钻井平台和高速船。

3）在《ISPS》规则第 14 至 18 节中，在任何涉及港口设施的情况下使用的“缔约国政府”一词，包括提及的“指定当局”。

4）本部分未予另行定义的术语，其含义与第 I 章和第 XI-2 章所赋予的含义相同。

第四节　成员国政府的责任

1）依照第 XI-2/3 和 XI-2/7 条的规定，缔约国政府应规定保安等级并为防止保安事件的发生提供指导。较高的保安等级表明发生保安事件的可能性较大。在规定适当的保安等级时应考虑的因素包括：

（1）威胁信息的可信程度；

（2）威胁信息得以佐证的程度；

（3）威胁信息的具体或紧迫程度；

（4）保安事件的潜在后果。

2）缔约国政府在规定保安等级3时，应发出必要的适当指令，并应向可能受到影响的船舶和港口设施提供与保安有关的信息。

3）缔约国政府可以将第XI-2章和规则本部分为其规定的某些与保安有关的职责授权给经认可的保安组织，但以下职责除外：

（1）规定适用的保安等级；

（2）批准港口设施保安评估和已批准评估的后续修订；

（3）确定须指定港口设施保安员的港口设施；

（4）批准《港口设施保安计划》和已批准计划的后续修订；

（5）根据第XI-2/9条采取监督和符合措施；

（6）规定关于《保安声明》的要求。

4）缔约国政府应在其认为合适的限度内，测试其所批准的（或对于船舶而言，代表其批准的）船舶或港口设施保安计划或它们的修订内容的有效性。

第五节 船长对船舶安全和保安的决定权

经修订的1974《SOLAS》公约第XI-2章第八条的规定——船长对船舶安全和保安的决定权有如下内容。

（1）船长依照其专业判断而做出或执行为维护船舶安全或保安所必需的决定，应不受公司、承租人或任何他人的约束。这包括拒绝人员（经确认的缔约国政府正式授权的人员除外）或其物品上船和拒绝装货，包括集装箱或其他封闭的货运单元。

（2）如果依照船长的专业判断，在船舶操作中出现适用于该船的安全和保安要求之间发生冲突的情况，船长应执行为维护船舶安全所必需的要求。在这种情况下，船长可以实施临时性保安措施并应随即通知主管机关，如情况适宜，还应随即通知该船所在或拟进入的港口所属缔约国政府。根据本条采取的任何此类临时性保安措施应尽可能地相当于主要的保安等级。在发现这种情况后，主管机关应确保此类冲突得以解决并尽量消除其再次发生的可能性。

第三章　识别船舶保安风险和弱点

第一节　风险评估和评估工具

一、保安威胁情景选择

1）保安威胁情景由公司保安员和船舶保安员共同选择：根据船舶营运环境由公司保安员和船舶保安员共同选择。

下列保安威胁情景应予以评估，重点强调最严重及最可能发生的保安威胁情景：

（1）对船舶的破坏；

（2）劫持船舶或船上人员；

（3）为偷渡目的进入并藏匿于船上；

（4）盗窃船舶物料、设备；

（5）利用船舶进行武器或毒品走私；

（6）使用船舶本身作为攻击武器；

（7）利用船舶制造污染或释放有毒物质等。

2）对上述保安威胁情景可能造成的下述后果进行评估。

（1）人员伤亡；

（2）经济损失；

（3）环境影响。评估可分为1、2、3级。

二、保安薄弱点评估

保安薄弱点/保安薄弱环节：指船舶在应付、戒备保安威胁/袭击能力方面的缺陷。通常在易接近性和组织保安（船上人员能控制的）两方面进行评估：

易接近性：在保安威胁情景中接近船舶的容易程度。涉及未组织保安时阻止威胁的实地和地理屏障。

组织保安：保安人员在阻止保安侵袭方面的能力：

① 保安计划；

② 保安通信；

③ 保安设备；

④ 船舶内部保安；

⑤ 外部支持。

应对每个情景进行评估，以获得每一个保安薄弱点分级，然后总和分级，得到一个总的薄弱点分级。

保安薄弱点分级表

等级	易接近性	组织保安
1	无阻止（例如接近船舶通道以及船舶周围区域的移动均不受限制）	无阻止能力（例如无保安计划、无保安队伍、无应急通信、外部执法队伍不能及时到达、无检测系统）
2	有良好的阻止（例如有单个牢固的屏障，或船舶周围 100 m 范围内的通道受到限制）	良好的阻止能力（例如有保安计划、有应急通信、有保安队伍、外部执法队伍能到达、有一定数量的检测系统）
3	有极好的阻止（能阻止攻击，船周围 500 m 范围内的通道受限制，或多重物质/地理屏障）	极好的阻止能力（能阻止进攻，或隐蔽的保安因素）

第二节　识别船舶的保安威胁

对船舶进行保安威胁识别时，应考虑本船营运环境下的政治、经济因素以及当时社会恐慌等可能造成的船舶潜在的保安威胁（航区、货载、船舶特点）。典型的船舶保安威胁包括：闯入船舶；外部攻击船舶；海盗行为；使用船舶非法运送物品和人员。

1. 保安威胁 1：闯入船舶

（1）对船上人员、目标进行自杀性攻击。

（2）控制船舶并由此攻击其他目标。

（3）劫持船舶、人质，达到威胁、要挟的目的。

（4）杀害船员旅客制造恐怖事件。

（5）制造污染或释放有毒害物质、污染物。

（6）使用爆炸、纵火，破坏/摧毁船舶或其主要功能。

（7）通过蓄意的操作/行动来破坏/摧毁船只。

（8）破坏船舶主要功能（例如推进装置、操舵和动力）。

（9）盗劫船舶设备、财产，包括造成人员伤害。

（10）偷渡国境。

2. 保安威胁 2：从外部攻击船舶

（1）把爆炸物移近船舶：从水路；从岸上/码头；水下。

（2）撞击船舶：用另外的船只；使用岸上设备（如吊车或码头运载工具）。

（3）从远处向船舶发射或射击（火炮、榴弹、导弹）。

（4）通过潜水装置接近船，破坏船体、舵、桨等水下装置，使船沉没或不能动。

3. 保安威胁 3：海盗行为

劫持船、货、船员、旅客；杀害船员、旅客。

4. 保安威胁 4：用船舶非法运送物品和人员

运送武器、武装人员；运毒品、毒资；运偷渡人员；运输用作武器的材料进/出国境。

通过分析，识别、确认在本船营运环境下可能受到的攻击。

第三节　在非歧视基础上识别对保安有潜在风险的人

根据《ISPS》规则 B 部分的规定，所有试图登船的人员均可能接受搜查。此种搜查最好由港口设施与船舶密切合作，在船舶附近进行。除非有明确的保安理由，否则不应要求船舶人员搜查其同事或同事的个人物品。在进行此种搜查时，应充分考虑到被搜查人的人权，并维持其基本尊严。

航行中，如果在船舶上发现进行违法、犯罪活动的可疑人员，根据各国海商法和国际惯例，船长有权对这种可疑人员采取禁闭或其他必要措施。搜身是惯用的方法。

搜身也是机场、口岸对人身及随身携带行李进行安全检查的一种方式，是世界各国普遍采用的一种查验制度。但其与船舶保安中搜身的性质、目的、方式各有异同。

一、搜　身

1. 搜身的概念

搜身是指在制伏和缉捕了犯罪分子或犯罪嫌疑人的前提下，对人身进行的搜索和检查。搜身必须由享有执法权力的机关、部门行使，必须符合法定的条件和程序。

各国法律明确规定，禁止非法搜身。其目的在于保护公民的合法权益和人格尊严，但并不排斥对事实的调查，关键在于搜身行为的合法性。例如，机场对乘客人身和行李的检查。

2. 搜身的目的

（1）为了查明和清除可能隐藏在犯罪嫌疑人身上的各种凶器；

（2）为了查获犯罪嫌疑人携带的罪证；

（3）为了探明旅客是否携带枪支、弹药、凶器、易爆易燃物品、剧毒品以及其他威胁飞机、船舶安全的危险物品。

3. 搜身的方法

对拟登船人员以及航行中已登船的可疑人员进行搜身，必须坚持安全而有效的原则。常见的搜身方法有以下三种。

（1）展背靠墙搜身法。

是指利用墙壁或其他支撑物来完成的，让可疑人员靠在墙边，双腿尽可能叉开，低头朝下，用双手指尖触墙，船舶保安员从后面自上而下摸索其全身的方法。

（2）俯卧式搜身法。

要求可疑人员面向下卧倒，双手交叉置于脑后，船舶保安员揪住其头发和交叉在头后的手指，用一只膝盖置于其髋部再进行搜身。

（3）下跪式搜身法。

要求可疑人员跪在地上，手指交叉置于头后，船舶保安员擒住其交叉双手的小指与头发，一只膝盖放在其背后，另一只手进行搜身。

4. 搜身时应注意的问题

（1）搜身必须在保持高度警惕的情况下进行。

（2）应采取正确的搜身方法。搜身时，不能让可疑人员原地站立，应命令其靠住物体。在没有倚靠物时，应采用下跪式搜身法。

（3）对可疑人员应进行全面搜身。一般按从上到下、从前至后的步骤进行，不能只搜上身不搜下身。

（4）搜身一般要求用手挤压、触摸翻动。

（5）搜身必须认真、彻底、不留任何后遗症，不能搜出一件凶器就放弃进行全面搜身。

（6）搜身时要注意凶器隐藏部位。尤其应注意帽子、衣领、护腕、腋下、小腿内侧等可能隐藏凶器的部位。

二、非侵犯性检查方法

为了切实保护公民的人身权利，采取适当的方式和技术手段，在尊重人格尊严的情况下，对所有试图登船的人员进行非侵犯性的安全检查，从而达到查清事实的目的，是被各国法律所承认的。非侵犯性的安全检查是为了防范和制止危害船舶安全非法行为的发生，保障船员、旅客的人身安全而采取的一项预防措施。其主要的检查方法包括以下几种。

1. 证件检查

真实、合法、有效的证件可以证明一个人的真实身份。船舶保安员对试图登上或已登上船舶的人员进行的证件检查，目的是就是通过对证件真伪的判定和对证件记录内容与持证人的核对，查明登船人员的真实身份，从身份方面确认或排除对被检查人员的怀疑。

（1）证件检查的种类。

① 居民身份证；

② 护照与签证；

③ 其他身份证件。

（2）证件检查的内容。

① 确认人、证相符；

② 核对证件内容；

③ 判定证件真伪。

（3）检验证件时的注意事项。

① 始终注意持证人的反应；

② 边查边问；

③ 注意安全防范；

④ 防止发生差错。

2. 磁性探测器的近身检查

港口检查员手持一种金属探测器，贴近旅客身体上下前后地搜索全身。仪器遇到手表、衣袋内的钥匙、小刀、纪念章等金属物后，即会发出特殊声音，旅客则需要从衣袋内取出全部金属物再进行检查，直到检查员消除怀疑为止。

3. 通过安全门的检查

安全门是检查装置的一种形式，所有拟进港登旅人员需从门框内通过，如果身上携带金属物装置就会发出信号。之后，检查员会对有嫌疑的人再做搜身检查。

4. 物品检查

物品检查主要是对箱包的检查，实践中通常的做法与所应坚持的原则包括以下几种。

（1）人、包分离，控制被检查人员的物品。一般采取将全部手提物品放在输送带上，通过红外线透视仪器检查的方式。检查员通过监视荧光屏观察物品，对有嫌疑的物品实行开箱检查。

（2）查验物品的步骤应遵循一看、二听、三闻、四摸、五拆包的原则。

（3）对需要开箱检查的物品，应遵循轻开、慢拉、谨慎开启的原则。

（4）坚持轻拿、轻放、顺序查验的文明检查原则。

第四节　识别武器、危险物质和装置及其可能导致的损害

一、登船人员及其随身携带物的控制

处置无人照管行李的要求：

SSP 中应制订相关的保安措施以保证无人照管行李（任何包裹包括在检查口与乘客或船上工作人员分离的个人行李）在装上船之前，经过识别、扫描检查以及搜查。

没有必要分别对行李进行船上和港口检查，如都有检查设备，则最终应由港口设施方负责检查。与港方密切合作至关重要。应采取措施保证安全处置经扫描检查的无人照管行李。

二、登船人员携带武器、危险物品和装置可能威胁船舶和人员的预防措施（检查）

目的：防止擅自将武器、燃烧装置或爆炸物携带上船，防止发生任何因破坏或暴力行为而产生的危险或威胁，以保证船舶、人员和财产的安全。检查方法可包括但不限于：目视检查，使用扫描/探测设备、机械设备、警犬或综合检查方法。

1. 保安等级 1

验证船票、登轮牌、工作指令或其他措施，以确认登轮人员身份的合法性。

在每次登轮前，正确识别船员、旅客、贩卖人员、访问人员和其他人员。

验证抵船接班船员的合法身份和经许可在船上工作的人员的合法身份。

检查人员、行李、携带物品和个人设备等，防止被禁止武器、危险品和爆炸物被携带上船。这点可通过随机检查进行（如 5%～20% 的检查频次和保安计划中说明

的其他方法）。

2. 保安等级 2

本等级中 SSP 应制订加强监控和监视能力的附加保安措施，包括：

增加检查频次，如提高到 25% ~ 50% 的检查频次和增加检查内容及范围；在船舶开航前向所有船员提供关于任何威胁、警惕和报告可疑人物、物品和活动的保安须知；布置人员在指定区域值班。

3. 保安等级 3

检查所有人员、行李、携带物品和个人设备等，防止被禁止的武器、危险品和爆炸物被携带上船。

在船舶开航前向所有船员提供关于任何威胁、警惕和报告可疑人物、物品和活动的保安须知。在每次登离船前，将保安须知提供给所有旅客。

布置人员在指定区域值班。

陪同所有服务供应人员或其他需要登轮办理重要服务的人员。

三、对装船货物和物料的监控

目的：

涉及货物装卸的保安措施应达到防止对货物的破坏以及防止非船舶预定装载的货物装载储存在船上的目的。

要求：

保安措施（有些可能必须与港口设施方面联系后才能实施）必须包括在通道入口处对清单进行控制的程序。装船后还应有办法鉴定货物是否系批准装船的货物。

1. 保安等级 1

装卸之前和装卸期间对货物、货物运输工具和货物区域的常规检查；

检查确认装船货物与单据所载品名是否相符；

与 PFSO 联系确保对所有运车船、滚装船和客船上的车辆在装载之前已根据 SSP 规定的检查频率要求进行了检查；

检查封条或其他用于防止在进入港口设施和在港口设施内存放期间被破坏的方法。

2. 保安等级 2

本等级中 SSP 应制订货物装卸时适用的附加保安措施，其中包括：

详细检查货物运输工具和货物区域；

加强检查确保货物正确装载；

对准备装运上运车船、滚装船和客船的车辆实施严格搜查；

加强检查封条或其他预防破坏的方法。

3. 保安等级 3

本等级中船舶应遵守负责应对保安事件或威胁的人员的指令。SSP 应详细制订与这些人员和港口设施密切合作时船舶应采取的保安措施，可包括：

停止货物装卸；验证船上危险货物和财产清单及存放地点。

四、交付船舶物料

有关船舶物料交付时的保安措施应：

确保船舶物料和包装的完整；

防止验收未经检查的船舶物料；

防止验收未经订货的船舶物料。

第四章　船舶保安计划

第一节　船舶保安计划的目的、用途和批准

一、制定船舶保安计划的目的

制定船舶保安计划（SSP）是为了通过执行计划中的在不同保安等级下的船舶保安措施、船舶保安操作规定以及对船舶保安应急事件的反应程序等预案，以达到保护船上人员、货物、货物运输单元、船舶物料和使船舶本身免受保安事件的威胁，以及减少由于保安事件所造成的损失的目的。

二、船舶保安计划的用途

船舶保安计划的主要用途为：

（1）描述船舶保安的组织、人员和岗位，及其在保安方面的职责和任务，确保船舶保安计划的有效实施；

（2）提供有关船舶日常营运过程实施保安操作的指南；

（3）规定船舶在不同保安等级下应实施的具体保安措施，确保人员、船舶与货物等免受保安威胁；

（4）提供处理船舶保安状况受到威胁或破坏时的反应程序；

（5）确保通过培训和演练，提高船舶人员保安防范意识和技能以及应急反应能力；

（6）规定船舶所配备的保安设备和系统的维护、测试和校验的要求，确保这些设备和系统处于随时可用状态等。

三、船舶保安计划（SSP）中的基本要素

在船舶保安计划中应包括以下基本要素：

（1）船舶保安的组织结构；

（2）在不同保安等级下的船舶保安措施；

（3）船舶保安操作规定；

（4）船舶保安事件的应急反应程序；

（5）船舶保安培训与演练；

（6）船舶保安设备的使用与维护；

（7）船舶保安检查与保安声明；

（8）向缔约国政府的适当联络点进行报告的程序；

（9）计划本身的经常性审查和审核程序等。

其中在不同保安等级下的船舶保安措施是船舶保安计划中最基本的要素。

四、船舶保安计划的批准

公司保安员有责任确保《船舶保安计划》得以制订并提交批准。每份《船舶保安计划》的内容视其所涉及的具体船舶而有所不同。船舶保安评估应以确定船舶的特点和潜在威胁以及脆弱性为依靠。在制订《船舶保安计划》时需要详细处理这些特点。主管机关可为《船舶保安计划》的制订及内容提供建议。

1）所有的《船舶保安计划》应：

（1）详细列出船舶的保安组织结构；

（2）详细列出船舶与公司、港口设施、其他船舶和具有保安职责的有关当局的关系；

（3）详细列出能够在船舶内部以及在船舶与包括港口设施在内的其他方面之间保持有效连续通信的通信系统；

（4）详细列出将长期保持的保安等级 1 的基本保安措施，包括操作性措施和物理措施；

（5）详细列出能使船舶迅速提升至保安等级 2，以及在必要时升至保安等级 3 时的附加保安措施；

（6）规定对《船舶保安计划》的经常性审查或审核，以及对其修订以反映所取得的经验和环境的变化；

（7）向缔约国政府的适当联络点进行报告的程序。

一个有效《船舶保安计划》的制订应依赖于对船舶保安的所有相关问题进行全面的评估，这些问题中应特别包括每艘船舶的物理和操作性特点，以及其航线特征。所有《船舶保安计划》均应经过主管机关或其授权的机构批准。如果主管机关利用经认可的保安组织来审查或批准《船舶保安计划》，该认可保安组织不应与制订或协助制订该计划的任何其他认可保安组织相关联。

2）公司保安员和船舶保安员必须制订程序：

（1）评估《船舶保安计划》的持续有效性；

（2）在计划批准之后对计划作后续的修订。

在进行是否符合 XI-2 章和本规则 A 部分要求的初次核验时，《船舶保安计划》中包括的保安措施应得以落实，否则不得进行向船舶签发《国际船舶保安证书》的工作。

如果此后由于各种原因保安设备或系统发生故障，或保安措施被停止，则应采取临时性的等效保安措施，同时通知主管机关并经主管机关批准。

第二节　船舶保安计划的基本内容、制订与实施

一、船舶保安计划的基本内容

每条船均应随船携带经主管机关批准的船舶保安计划，该计划应就本规则的本部分所定义的三个保安等级做出规定。经认可的保安组织可以为某一特定船舶编制船舶保安计划，但要遵守《SOLAS》公约第 XI-2 章第 9.2.1 节的规定。主管机关可将船舶保安计划的评审和批准工作或对以前已批准计划的修正内容的评审和批准工作委托给经认可的保安组织。在这种情况下，对特定船舶的船舶保安计划或其修正内容进行评审和批准的经认可的保安组织应不曾参与被审的船舶保安评估的编写或船舶保安计划或修正内容的编写。提交审批的船舶保安计划或对以前已批准的船舶保安计划的修正内容应附有编制该计划或修正内容所依据的保安评估。该计划的制订应考虑到本规则 B 部分提供的指导，并应以该船的一种或几种工作语言写成。如果所用语言不是英文、法文或西班牙文，还应包括其中一种语言的译文，该计划应至少涉及以下内容：

（1）防止将用于对付人员、船舶或港口，且其携带未经授权的武器、危险物质和装置携带上船的措施；

（2）对限制区域的确定以及防止擅自进入限制区域的措施；

（3）防止擅自登船的措施；

（4）对保安状况受到的威胁或破坏做出响应的程序，包括维持船舶或船/港界面的关键操作的规定；

（5）对缔约国政府在处于保安等级 3 时可能发出的任何指令做出响应的程序；

（6）在保安状况受到威胁或破坏的情况下撤离人员的程序；

（7）船上负有保安责任的人员的职责和船上其他人员在保安方面的职责；

（8）保安活动审核程序；

（9）与该计划有关的培训、操练和演习程序；

（10）与港口设施保安活动进行配合的程序；

（11）定期评审和更新该计划的程序；

（12）报告保安事件的程序；

（13）指明船舶保安员；

（14）指明公司保安员，包括 24 小时详细联系方式；

（15）确保检查、测试、校准和保养船上所有保安设备的程序；

（16）船上所有保安设备（如有）的测试或校准次数；

（17）指明船舶保安警报系统启动点所在位置；

（18）船舶保安警报系统的使用。包括试验、启动、关闭和复位以及限制误发警报的程序说明和指导。

二、船舶保安计划的制订与修订

（1）公司保安员有责任确保船舶保安计划得以制订并提交主管机关或经授权的保安组织批准。

（2）一个有效的船舶保安计划的制订，应依赖于对船舶保安所有相关问题进行的全面评估，这些问题包括船舶的特点、操作要求、航线特征、潜在威胁及保安薄弱点等。在制订船舶保安计划时需要详细处理这些问题，因此，每艘船舶的保安计划的内容都有所不同。

（3）《ISPS》规则对船舶保安计划中应包括和涉及的内容有具体要求（见本章第二节的介绍），在制订船舶保安计划时应满足这些要求。

（4）主管机关认可的保安组织可为某一具体船舶编制船舶保安计划，但该保安组织不应再参加这一特定船舶的保安计划的审查或批准工作。

（5）主管机关可以指南的形式对船舶保安计划的制订提出建议，船舶在编制保安计划时应参考这些建议。

（6）公司保安员和船舶保安员必须制订程序，评估船舶保安计划的有效性，确保对船舶保安计划进行适当的修订，以纠正计划中的缺陷，使其更符合船舶保安的要求。

三、船舶保安计划的实施

对该计划所规定的保安活动进行内部审核或对该计划实施情况进行评价的人员应独立于所审核的活动。除非由于公司或船舶的大小和性质方面的原因，为了避免对在船上装设船舶保安警报系统的目的有任何不利，主管机关可允许用一文件将信息保存在船长、船舶保安员和公司所决定的其他高级船上人员知道的船上其他地方而无法这样做。

主管机关应决定对已批准的船舶保安计划或已批准计划所规定的任何保安设备的哪些变动，在主管机关批准对该计划的相关修正前，不得实施任何此类变动，均应至少与经修正的 1974《SOLAS》公约第 XI-2 章和《ISPS》规则本部分规定的措施同样有效。依照《ISPS》规则第 9.5 节经主管机关特别批准的对船舶保安计划或保安设备所作变动的性质，应以文件的形式明确说明该批准，此批准件应可在船上取用并应与国际船舶保安证书（或临时国际船舶保安证书）一起出示。如果这些变动是临时性的，一旦恢复采用原批准措施或设备，船上不需再保留该文件。

该计划可以用电子格式保存，在这种情况下应通过程序对其加以保护，防止其被擅自删除、破坏或修改。应防止擅自接触或泄露该计划。

除了第 9.8.1 节所规定的情况外，船舶保安计划不受按照经修正的 1974《SOLAS》公约第 XI-2/9 条执行控制和符合措施的缔约国政府正式授权官员的检查。如果缔约国政府正式授权的官员有明确理由相信船舶不符合经修正的 1974《SOLAS》公约第 XI-2 章或本规则本部分的要求，且验证或纠正不符合情况的唯一方式是审查船舶保安计划的相关要求，则可破例允许查看该计划中与不符合情况有关的具体部分，但必须征得有关船舶的缔约国政府或船长的同意。然而，计划中与本规则的本部分第 9.4 节中的有关的规定被视为机密信息，非经有关缔约国政府另行同意，不能受到检查。

第三节　公司的义务与责任

（1）公司应确保《船舶保安计划》中包含强调船长权威的明确陈述。公司应在《船舶保安计划》中明确船长在就船舶保安做出决定方面，以及在必要时请求公司或任何缔约国政府提供协助方面具有最高的权威和责任。

（2）公司应确保向公司保安员、船长和船舶保安员提供必要的支持以使其按照经修正的 1974《SOLAS》公约第 XI-2 章规则本部分去履行其职责和责任。

第四节　公司保安员职责

1）公司应指定一名公司保安员。被指定为公司保安员的人可作为一艘或数艘船的公司保安员，视公司所经营的船舶数量或类型而定，但须明确指定此人所负责的船舶。公司视其所经营的船舶数量或类型，可指定数人作为公司保安员，但须明确指定每人所负责的船舶。

2）除规则本部分规定的其他内容外，公司保安员的职责和责任还应包括但不限于以下内容：

（1）利用适当的保安评估和其他相关信息，就船舶可能遇到威胁的水平提出建议；

（2）确保船舶保安评估得以开展；

（3）确保《船舶保安计划》得以制订、提交批准以及随后得以实施和维护；

（4）确保对《船舶保安计划》进行适当修改，以纠正缺陷并符合各船的保安要求；

（5）安排对保安活动进行内部审核和审查；

（6）安排由主管机关或经认可的保安组织对船舶进行初次和后续的核验；

（7）确保迅速解决和处理在内部审核、定期审查、保安检查和符合核验期间确定的缺陷和不符合项；

（8）加强保安意识和警惕性；

（9）确保负责船舶保安的人员将受到适当的培训；

（10）确保船舶保安员和有关港口设施保安员之间的有效沟通与合作；

（11）确保保安要求和安全要求的一致性；

（12）若采用姊妹船或船队的保安计划，确保每条船的计划均准确反映该船具体信息；

（13）确保为某一特定船舶或某一组船舶而批准的任何替代或等效安排得以实施和保持。

第五节　船舶保安员职责

1）在每艘船上均应指定一名船舶保安员。

2）除本规则本部分规定的其他内容外，船舶保安员的职责和责任还应包括但不限于以下内容：

（1）承担船舶的定期保安检查，确保适当的保安措施得以保持；

（2）保持和监督《船舶保安计划》（包括对该计划的任何修订）的实施；

（3）与船上其他人员并与有关港口设施保安员协调货物和船舶备品装卸中的保安事项；

（4）对《船舶保安计划》提出修改建议；

（5）向公司保安员报告内部审核、定期审查、保安检查和符合核验期间所确定的缺陷和不符合项，并采取任何纠正行动；

（6）加强船上保安意识和警惕性；

（7）确保为船上人员提供充分的培训；

（8）报告所有保安事件；

（9）与公司保安员和有关港口设施保安员协调实施《船舶保安计划》；

（10）确保正确操作、测试、校准和保养保安设备（如有）。

第六节　船舶保安等级及相应措施

一、船舶保安等级

（1）保安等级 1：系指应始终保持最低限度的适当防范性保安措施的等级（正常：船舶和港口设施正常工作时的等级）。

（2）保安等级 2：系指由于保安事件危险性升高而应在一段时间内保持适当的附加防范性保安措施的等级（加强：在保安事件发生风险性升高的整个阶段内实施的等级）。

（3）保安等级 3：系指当保安事件可能或即将发生（尽管可能尚无法确定具体目标）时应在一段有限时间内保持进一步的特定防范性保安措施的等级（特殊：在一段时间内保安事件可能或即将发生时实施的等级）。

二、保安等级的确定因素

在规定适当的保安等级时应考虑的因素包括：

（1）威胁信息的可信程度；

（2）威胁信息得到确证的程度；

（3）威胁信息的具体或紧迫程度；

（4）该保安事件的潜在后果。

三、保安等级的适用、改变、响应与通信联系

保安等级 3 仅用于确定的保安威胁或保安事件实际发生时的阶段内。

保安等级可以从等级 1 改变至等级 2 再至等级 3，也可以从保安等级 1 直接改变至保安等级 3。主管机关可使用 NAVTEX 信息或航海通告通知船舶、CSO 和 SSO 有关保安等级的改变，也可使用其他更快捷、更好的通信方式。

缔约国政府应为在其领海内营运或已向其通报进入其领海意图的船舶规定保安等级并保持向其提供保安等级信息。

缔约国政府应提供一个联络点，以便有关船舶通过该联络点请求咨询或协助并报告关于其他船舶、动向或通信的任何保安问题。

如果确定了存在受到袭击的风险，有关缔约国政府应将以下情况告知有关船舶及其主管机关：

（1）当前的保安等级；

（2）按照 ISPS 规则 A 部分的规定，有关船舶为防备受到袭击而应采取的任何保安措施；

（3）沿岸国已决定采取的保安措施。

船舶在进入缔约国境内的港口之前，或在缔约国境内的港口期间，如果缔约国政府规定的保安等级高于该船主管机关为其规定的保安等级，船舶应符合缔约国规定的保安等级要求。

如果船舶《ISPS》规则 A 部分的要求，或不能符合主管机关或另一缔约国政府规

定的对其适用的保安等级要求，则该船应在进行任何船/港界面活动之前，或在进港之前（以时间在先者为准）通知有关主管当局。

船舶的保安等级应不低于其靠泊的港口设施的保安等级，如果船舶的保安等级高于其靠泊港口设施的保安等级，CSO 或 SSO 应立刻通知 PFSO。PFSO 应与 CSO 或 SSO 协商对该特殊情况进行评估，并商定该船舶相应的保安措施，可以包括制订和签署一份保安声明。

第七节　保安声明

1）缔约国政府应通过评估船/港界面活动或船到船的活动对人员、财产或环境造成的危险，确定何时要求《保安声明》。

2）船舶在以下情况下可要求填写《保安声明》：

（1）该船运营所处的保安等级高于其所从事界面活动的港口设施或另一船舶的保安等级；

（2）在缔约国政府之间有涉及某些国际航线或这些航线上的具体船舶的关于《保安声明》的协议；

（3）曾经有过涉及该船或涉及该港口设施的保安威胁或保安事件，如果相关；

（4）该船位于一个不要求具有和实施经批准的《港口设施保安计划》的港口；

（5）该船与另一艘不要求具有和实施经批准的《船舶保安计划》的船舶进行船到船活动。

3）如果收到根据本节提出的填写《保安声明》的请求，有关港口设施或船舶应予以回复。

4）《保安声明》应由以下各方来填写：

（1）船长或船舶保安员，代表船舶；以及在适当时；

（2）港口设施保安员，或如果缔约国政府另行决定，由负责岸上保安的任何其他机构，代表港口设施。

5）《保安声明》应处理港口设施和船舶之间（或船舶与船舶之间）可同意的保安要求，并应说明各自的责任。

6）缔约国政府应根据经修正的 1974《SOLAS》公约第 XI-2/9.2.3 条的规定，确定其领土内港口设施保存《保安声明》的最低期限。

7）主管机关应根据经修正的 1974《SOLAS》公约第 XI-2/9.2.3 条的规定，确定悬挂其国旗的船舶保存《保安声明》的最低期限。

第八节　船舶报告保安事故的程序

如果船舶牵涉一起保安事件，船长/船舶保安员必须在 24 h 内报告公司 CSO。为了不耽误时机和传递最少资料，初报的标准格式应包括如下内容：

- 船名；
- 船位（经度/纬度、BRG. 港口/泊位）；
- 上一个和下一个港口；
- 事件或威胁的性质和情况，以及时间和地点；
- 被指称犯罪的人数（包括是否是船员或其他人员）；
- 罪犯的详细资料（姓名、国籍、出生日期/地点）；
- 被害人的详细情况以及伤害的性质和严重程度；
- 使用的危险物质或设备（详细描述：武器、爆炸物、其他）；
- 把危险物质或设备带入港口设施或船舶的方法（人、行李、货物、船舶用品或其他），以及所述设备/物件隐藏之处或使用之处，采取什么保安措施；
- 防止类似事件再次发生的建议措施；
- 其他有关的详细情况（如需要）。

一、信息收集

（1）识别可能的威胁：确定可能伤害船舶、人员、货物或操作的任何威胁。

（2）识别关键操作：确定需要重点保护的关键船舶操作、活动和人员。

（3）调查现有保安措施：收集和甄别各船当前执行的保安措施并进行总体评价。

二、威胁评价

（1）识别威胁或保安事件的情景：确定特定船舶可能存在的威胁源，包括优先保护的操作、区域和人员。如果没有特别的威胁源和优先保护事项，则采用海事界普遍认知的威胁情景。

（2）评价风险：按风险评价方法，评价各威胁源的可能性和潜在后果。可能性以“不太可能”“可能”和“极不可能”标记；后果以“高”和“极高”标记。

三、船上检查

（1）制定船舶保安检查表：针对重点威胁源、现有保安措施和关键操作，制定需要调查的问题清单。

（2）船上保安现场检验：按检查清单进行，识别所采取的措施和存在的不足、培训需求、安全矛盾、配员局限性、保安设备。

四、识别需要

评价改进需要：根据船舶保安检验结果，以要求的保安措施和现有措施的薄弱环节，评估改进要求和可能的改正措施。

第九节　与船舶保安有关的应急反应

一、保安应急通常程序

步骤	所采取的行动	船长	SSO	驾驶台	应急小组	外部机构	所有船员	备注
1	任何人发现可疑信息报告						●	
2	通知所有涉及的人员撤离可疑区域			●				不能使用无线电通信
3	所有人员到指定的区域待命						●	
4	保安应急小组准备		●					注 1
5	报告公司和外部应急机构		●					
6	按相关机构指令行动	●						
7	搜查可疑物质				●			见 3.4.2
8	决定其他应急小组待命	●						注 1
9	清除可疑物质					●		搜查可疑物质
10	恢复船舶操作	●						
11	应急事件报告		●					

注：针对保安威胁或破坏的结果组织相应的船舶应急反应队，如消防、救生/弃船、防油污、人员应急、船舶堵漏等。应急措施应依照 SMS 体系所规定的程序。

二、保安事件非法行动应急部署包括的内容

保安事件非法行动应急部署包括以下内容：

炸弹威胁的应急程序；

搜查船舶的操作程序；

发现可疑装置/包裹处理程序；

人员撤离程序；

海盗行为和武装袭击保安须知；

船舶遭受劫持的须知；

货物破坏的应急程序；

禁毒和发现毒品及违禁物品的应对程序；

发现偷渡者应采取的行动。

第十节　处理敏感的保安信息和保安通信

一、保安信息

为了避免对船舶采取控制措施或步骤，缔约国政府可以要求拟进入其港口的船舶在进港之前向该缔约国政府正式授权的官员提供以下信息：

1）本轮具有的有效的保安证书及证书签发机关名称；

2）本轮当前营运所处的保安等级；

3）在本轮所停靠曾进行船/港界面活动的前十个港口设施的保安等级；

4）在本轮所停靠曾进行船/港界面活动的前十个港口设施所采取的任何特别或附加保安措施（见 2.9.2）；

5）在本轮所停靠的前十个港口设施期间内，任何船对船活动中维持的适当的船舶保安程序（见 2.9.2）；

6）与保安有关的其他实际信息（但非船舶保安计划的细节）；

7）《连续概要记录》中包含的信息；

8）报告时的船位；

9）预计抵港时间；

10）船员名单；

11）船上货物的一般说明；

12）谁负责指派船员或当前以本轮业务方面的任何职能在船上受雇或其他人员；

13）谁负责决定本轮的使用；

14）如果本轮按租船合同的条款受雇，说明谁是租船合同的各方。

二、通信系统

1. 内部通信系统

（1）内部广播系统。

（2）对讲机。

2. 外部通信系统

（1）船舶呼号。

电传 Telex：××××

IMO No.：××××

MMSI No.：××××

（2）船舶保安报警系统。

型号 Model：××××

三、船舶通信程序

1. 内部通信程序

（1）船舶在正常情况下使用内部通信系统，如内部广播、对讲器，保持常规船舶通信和保安内部联系；

（2）如发生保安事件，在通知人员撤离船舶时，不能使用无线电通信。

2. 外部通信程序

（1）使用甚高频无线电话与港口设施保安员或有关缔约国政府联络点建立通信联系，且对其进行定期测试；使用 INM-C、NBDP 与公司保安员保持通信联系。

（2）船舶在任何时间、任何地点一旦发生保安事件，必须通过上述联系方式立即向公司保安员、港口设施保安员提供以下信息：

船舶位置，保安事件的性质及严重程度，已经造成的伤害与损失情况，非法犯罪人的基本情况等。

（3）船舶在面临的保安威胁的风险增加时应向公司保安员、港口设施保安员或有关缔约国政府联络点报告。

（4）为保护通信设备和持续通信有效性，船舶已配备多种类通信设备和通信备用电源，并将上述设备分布在驾驶台和报房，为限制区域给予保护。所有通信设备由二副负责维护。

（5）SSO 负责保持“与公司保安员和外部组织关于保安活动的通信记录”。

（6）有关缔约国政府联络点资料将根据 IMO 提供的资料及时更新公司保安员联系方式。

第五章　船舶防海盗和武装劫持

由于船舶结构复杂、隐蔽性强、登船容易、船舶对外自卫能力差、船员容易被制服、船舶流动性强等不利因素，很容易成为海盗与武装怀有抢劫、偷渡、恐怖袭击、走私等目的的不法分子利用和攻击的目标。

（1）由于世界各国发展不平衡、一些地区政局动乱，战争、分裂、种族、宗教矛盾，地区贫富分化加剧等原因，在一些地区，非法移民或偷渡事件时有发生，通过远洋船舶进行潜船偷渡的活动，特别在北欧、非洲和南美等地区尤为突出。船舶方稍有疏漏，就很可能发生偷渡事件，这不仅给船舶的正常营运带来不利影响，而且遣返偷渡人员的工作更是困难重重。

（2）同样的因素，海上非法行为（掳船劫货、走私贩毒、贩卖人口等）的活动范围与袭击在不断扩大（如索马里海盗活动范围已扩展到索马里以东 1 000 海里；塞舌尔群岛附近 400 海里；马达加斯加岛以北海域均是海盗猖獗活动区域），海盗与武装抢劫活动正在全球范围内蔓延，危害在加剧，已经成为影响航运业安全的头号杀手。海盗与武装抢劫活动和行为也日趋频繁和严重。

暴力化：2009 年全世界发生的 406 起海盗事件中，有 153 艘船舶被海盗登轮，49 艘遭劫持，120 艘船舶被海盗开火射击。

持久化：虽然国际社会加大了对海上非法行为的打击围剿力度，但因各国的利益、目的等各不相同，行动上很难协调一致形成合力，又限于现行国际机制和法律等因素，短时间无法从源头上加以根除。如索马里海盗在国际海军的打击下反而出现反弹。

集团化、现代化：一些地区海盗活动被犯罪集团操纵，成员来自不同国家，策划、行动、销赃一条龙。如索马里海盗将大量赃款用于购买武器装备（母船、高速快艇、自动步枪、榴弹发射器、GPS、通信器材海事卫星电话及海面搜索雷达等先进装备、甚至装备了可攻击直升机的防空导弹）。同时其基地设施也在完善，还具备了海盗船只的保养、维修和补给能力。

国际化：有组织的海盗集团的活动有向国际化发展的趋势并与国际恐怖组织勾结。海盗与恐怖分子相勾结，造成的后果将更为严重。

面对当前十分严峻的船舶保安形势，如何做好船舶保安工作，把保安威胁、船员生命安全和财产损失减少到最低限度，成为国际社会所面临的一个共同的难题。从船舶和从事航海事业的海员的角度来讲，主要从强化船员的培训和演练、严格执行船舶保安计划、增加适当的保安设备、强化岸基指导和支持、加强国际合作诸方面着手。

第一节　防偷渡

一、偷渡者登轮的防范措施介绍

（1）每次抵港前，建议船公司主管部门及公司保安员 CSO 应先与当地代理联系，询问和了解当地港口有关偷渡的情况，安排部署防偷渡措施和指导意见，通知船长、船员做好相应的值班、准备和检查工作等。

（2）增加值班人员，并且开启雷达监测，有小船靠近时要特别注意。

（3）如在港时船上值班的人员不够，可通过代理临时聘请当地警察、保安人员来协助船上值班船员。

（4）值班岗位不能有空档，任何时候都要保证有值班人员在岗，值班交接的时候尤其要注意。

（5）锚链孔要盖上并挂锁，防止偷渡者沿锚链爬上船。

（6）严格梯口值班，仔细检查码头工人、检验及港口官员等登船人员的有效证件，并做好上下船时间的登记工作，以备复核和检查。

（7）在夜间桅灯等固定照明灯照不到的盲区应增加移动货灯，以减少值班人员视线的盲区，防止偷渡者趁黑潜入船舶；要组织船员进行不定期巡逻，一旦发现有异常情况应马上报告船长组织检查。

（8）引航员下船后或在锚地时要及时收起绳梯或舷梯，防止偷渡者使用绳梯或舷梯登船。

（9）船舶在港期间，将不开启的货舱所有入口、各库房等都要锁好并做好标记，生活区只留一道值班人员可见、可监控的水密门供出入使用，其他所有门应为内部插销可控、外部不能开启的状态，平时应经常巡视检查。

（10）船舶离港前要做好全面检查，尤其要认真仔细检查货舱、桅房舵柱、物料间及管子弄等所有容易藏匿的场所和地方。集装箱船尤其要注意进行检查，防止偷渡者藏匿于集装箱内。

二、发现偷渡者的处理程序

（1）在离港前检查时如发现有偷渡者，应首先对其实行监管，并立即报告公司和当地代理和警方共同协商处理，以便船舶离港前押解偷渡者下船，决不能随船。同时要配合当地警方再次共同对全船进行周密细致的搜查，以防留有其他偷渡者藏匿在船。

（2）如船舶离港航行中发现有偷渡者，船长应立即报告公司，并对偷渡者进行监管，提供处所和必需的饮食，并保证其无法再逃逸到船舶的其他部位继续藏匿，并且保证不会出现其他的意外情况。

（3）既然已发现偷渡者，说明在前一港口停靠时没做好离港检查工作，有可能还有其他偷渡者在船上。因此在对已发现的偷渡者做好监控后，应立即安排船员仔细检查船舶其他部位，查找是否还有其他偷渡者。

（4）当船东或公司得知船上有偷渡者后，应迅速报告船东互保协会偷渡者的人数、国籍以及得到的资料、下一港口情况以及预抵时间（ETA）、预计停留时间等详细信息。

（5）协会将迅速联系当地通信代理，询问能否遣返、所需手续、文件并对费用进行评估。如可以遣返，将马上通知会员，并要求当地船代协助通代，做好遣返的前期准备工作。

（6）船舶到港后，由通代、船代负责联系港口当局、移民局和警方等相关部门，有时还可能需要当地使领馆的协助，取得遣返文件，然后押解偷渡者下船，到相关部门办理手续将其遣返回原国籍国。

第二节　海盗和武装抢劫

海盗行为是一种国际罪行，海盗是“违反人类的罪行者”。严惩海盗犯罪，自 19 世纪以来就是国际法的一贯主张。依据国际法，海盗行为会使其丧失其国籍国的保护，以普遍管辖原则，各国都有拿捕、扣押和处理海盗船舶和飞机的权利。统计表明：海盗的攻击目标比例分别为油轮 25%、货轮 23%、大型散货轮 13%、集装箱轮 11%、渔船 16%、沿海船只及游艇 12%。海盗活动每年给世界经济造成约 250 亿美元的损失。目前世界上海盗出没的地区主要集中在六大水域：加勒比海、西非几内亚湾、东非索马里附近海域、红海及亚丁湾一带、孟加拉湾沿岸以及马六甲海峡和东南亚水域。其中索马里海域、马六甲海峡和几内亚湾并称为全球三大危险海域。

一、海盗和武装抢劫活动在主要海域的活动特点和规律

海盗攻击的目的可分为四种类型：

（1）以船员为人质，劫持船舶向船东勒索巨额赎金。如近几年亚丁湾和索马里海域的海盗活动。

（2）杀害和驱逐船员后变卖船舶。如南中国海和东南亚的多起海盗攻击事件。

（3）带有政治目的。如尼日利亚海盗为阻止国外公司开发本国石油资源，攻击油轮或劫持油轮要求国外石油公司退出本国市场。

（4）较为普遍的海盗活动以偷抢船员和船舶财物为主要目的。

下面就主要海盗活动区域和海盗活动的特点作简单介绍。

1. 亚丁湾和索马里海域

（1）海盗活动区域在不断向东、向南扩展和延伸；

（2）海组织逐步趋向联合行动，多种战术配合使用；

（3）劫持目的单纯，袭击目标广泛；

（4）海盗装备越来越精良齐全、行动快速；

（5）在日间海况好时发起攻击；

（6）突袭和袭击地点随船舶通航情况变动；

（7）海盗抢劫行为更趋暴力；

（8）伪装巧妙隐蔽，能在军舰查证之前及时销毁证据。

2. 马六甲海峡和东南亚水域

（1）目前马六甲海峡和东南亚水域的海盗活动主要为：小规模作案；有组织的犯罪和恐怖活动。

（2）与传统海盗活动相比目前东南亚海盗活动的特点为：设备先进，计划周详；行踪诡秘，手段残忍；活动国际化并与国际恐怖组织勾结。

3. 西非尼日利亚水域和西非沿岸

与东非海盗事件发生在公海上相反，在尼日利亚，几乎所有的海盗事件是在其领海范围内发生的，少部分是政治原因，海盗事件通常是暴力事件，船员经常被绑架和受伤。在西非沿岸海域（除尼日利亚水域外），海盗主要是抢劫船上财物，也比较暴力。

4. 南中国海水域

南中国海曼凯岛附近水域经常发生海盗上船洗劫个人物品和船上物料后离开的事件。

5. 印度次大陆

海盗以上船偷盗为主，一般选择锚泊船只和停靠泊位的船舶，一被发现就立即逃离。

6. 南美东部

巴西、苏里南和圭亚那都有海盗出现，多以偷盗为主。

7. 南美西部

秘鲁利马市的卡亚俄（Callao）、钦博特市的卡勒它（La.Caleta）港及其附近水域海盗活动频繁，持械抢劫常使船员受到伤害，大部分发生在靠泊或锚泊期间。

二、防范海盗和武装抢劫的原则

针对海盗和武装抢劫，防范的工作要做到：

（1）明确职责：船舶所有人、管理人、船长和船员应明确各自职责，各司其职。

（2）确保船员安全：坚持“以人为本”的原则，在确保船员安全的前提下保护财产安全。

（3）做好防海盗培训，克服麻痹、侥幸思想和畏惧心理。早意识、早准备、早报告。

（4）以预防为主，将自防自救与他救相结合。

1. 防范亚丁湾、索马里海域海盗的最佳做法

尽管当前亚丁湾及索马里北部海域有多国海军舰船参与商船的编队和护航行动，但在亚丁湾中西部和索马里东部的广阔海域均有频繁的海盗袭击活动。特别是未能及时赶上护航编队的或船速慢的船舶仍然易遭受海盗袭击。航行在该海域的船舶为免受海盗袭击，阻止海盗进攻，一旦发生海盗登船的情况，知道如何争取或拖延被劫持的时间以增加获救机会，尽可能多地了解和掌握海盗的活动规律是非常重要的。

1）海盗活动的一般规律

（1）由于多数进出亚丁湾—红海的船舶沿用习惯航线航行，海盗也相对集中地在亚丁湾北部出没。由于护航军舰的关系，海盗活动逐渐向东和东南方向朝着更广阔海域扩散。

（2）由于海盗船大多是以伪装成作业渔船的方式做隐蔽，由“母船”携带人员、装备和快艇，增大了活动范围，过往船舶很难马上将其识别。

（3）大多数海盗在凌晨 1 时和 6 时之间开始活动，以一艘或多艘装备各种轻便武器和无线电通信设备的小快艇迅速接近目标船舶的方式发起袭击，而此时间段恰恰是值班驾驶员和船员最疲劳、注意力最不易集中的时间段，因此海盗袭击得手的概率比较大，但也不排除海盗在其他时间进行袭击行动的可能。

（4）由于海盗袭击船舶时是使用小快艇接近目标船的，受风浪影响较大，所以风浪越小，风速低于 10 节时是海盗活动最频繁、袭击成功率也最高的条件；风速介于 10 ~ 15 节时，海盗还能活动，但袭击成功率下降；风速大于 15 节时，海盗袭击活动较少发生。

2）防范措施

为了避免、阻止和拖延海盗进攻，在承认船长在船上任何时间都具有指挥决策权的同时，可采用下列防范措施。

（1）在船舶保安计划中制定并执行防海盗程序，注意采纳国际海事组织（IMO）SOLAS 公约 ISPS 规则的相关规定和要求以及行业指南。

（2）充分了解和认识受到海盗和武装劫持行为的海区和港口的形势。

（3）根据保安计划的要求提前制订好船舶应急计划，在进入危险海区前演练应急计划，根据实际情况修订应急计划。使全体船员明了各自的职责和熟悉船上的警报系统。

（4）制订应急通信计划，在通信装置中提前输入重要的应急通信号码和通信信息，并将重要的通信号码张贴在通信装置附近随时可见的位置。

（5）在进入危险海区前，船长应召开全体船员会议，介绍面临的风险和对船员的要求。

（6）建议使用推荐的航线或航行走廊；有可能的话，建议在黑夜通过最危险的海区；在亚丁湾航行的船舶还可以申请加入多国海军军舰在该海区实施的护航编队，按推荐的航向和航速航行以受到最好的有效保护。

（7）对于航经东非的船舶应考虑在马达加斯加东部航行，或保持与东非海岸线 450 海里以上的距离航行。

（8）尽可能保持最高或接近最高的速度航行，关键设备要保持可用状态，船舶的任何保养工作应在进入危险海区前完成。

（9）在进入危险海区前，全面检查所有通信设备、固定及可移照明设施、警铃和声号装置、航行定位设备和舵系统、应急发电机，机舱主、辅机和各泵浦及消防水系统均处于随时正常可用状态。

（10）良好的内部锁闭、控制进入驾驶台、机舱、舵机房、生活区及所有库房和限制区域；确保所有类型可移动的梯子收藏入库。生活区最下两层外部的梯子建议临时拆除，栏杆或围板架设带刀刺的阻拦铁丝、上一层梯口建议架设可锁闭的阻入设施，以阻拦海盗攀登。

（11）准备一个可供船员集合的安全处所（可与外界隔绝的隐蔽的、强固并可内部锁闭的封闭舱室，室内应有通风透气设施，备有必要的饮食和饮水以及收容废弃物带盖的容器，并备有应急便携式通信设施等），用以拖延时间和等待援救机会。

（12）要意识到船舶的配员低对防海盗行动产生的不利影响，船长应调整日常工作以确保其得到足够的休息并能在任何时间有效指导船员。

（13）增加瞭望和驾驶台值班人员，机舱按有人机舱的要求值守。

（14）加强瞭望，特别是船尾方向，备妥 VHF 保持内部应急联络，紧急情况下可使用 VHF CH/16 与军舰联系；开启雷达认真搜索海面可疑目标，除安全需要，应尽可能减少与外界的通信（无线电、手机、AIS 等）。

（15）甲板根据需要架设固定好皮龙带和喷头，消防栓处于开启状态。主甲板舷外架设可拆装的阻止海盗攀登上船的有效阻拦设施和障碍物，以增大海盗抓爬的难度；在采取防止海盗登船的措施和设施的同时，应以首先保证船员的安全为前提。

（16）其他非致命自卫手段，应由公司评估其优缺点后在特定的船舶上使用。

3）应对措施

（1）发生海盗袭击的情况下。

① 按照船舶保安应急计划。

② 启动船舶保安报警系统，将险情报告公司保安员和船旗国。

③ 如果船长选择航行时关闭 AIS 系统，在受到袭击时应打开。

④ 启动船舶警报，通知船员发生海盗袭击。

⑤ 全体船员在生活区内的安全处所集合，并尽可能远离舱壁和舱口。

⑥ 打开甲板消防水龙。

⑦ 船舶以最大航速航行（经验表明，海盗在 30 ~ 45 min 内如无法登船会放弃进攻）。

⑧ 船舶做小幅度转向操纵，但转向幅度不要超过 7° ~ 10°，以保持航速。同时要避免给海盗小艇下风舷。如可能，增大海盗小艇受风浪面。利用大船首波和尾流使海盗小艇难以接近并向大船开火。

⑨ 船长应尽快评估所遭遇的风险。如认为威胁可能进一步发展，应呼叫 24 小时值班的海盗报告中心；在 VHF CH/16（CH/10 为备用频道）呼叫“Mayday”，使用 DSC 和海事卫星终端发出遇险信息。

⑩ 启动应急通信计划，按次序向有关机构报告。

（2）海盗登船的情况下。

① 海盗既已登船，特别是武装海盗，除非有把握击退登船的海盗，一般不宜继续抵抗，否则可能招致对方对船员的暴力和伤害。

② 在海盗进入驾驶台前报告有关机构，若时间允许，再次报告公司。

③ 如果船员撤离驾驶台和机舱，应关闭主机并尽可能让请周围船舶。

④ 要确保所有船员集中在一起。如果船员集中在一个锁闭的安全处所，确保内部防护，人员要尽可能远离门、舱口、舷窗，避免因海盗开枪射击造成意外的伤害；如海盗企图以暴力闯入或已被控制，不要作无谓的阻拦，要保持安静，与海盗合作，避免造成无谓的伤害和导致事态的扩大。

（3）在有军事行动的情况下。

① 军事人员在船上采取行动时，船员应趴在地板上，双手护头（同时露出双手并且手中无物），除非得到友善的指令，否则不要做出突然的动作，避免发生误会。按指令回答提问；军事人员也会意识到英语不一定是船上的工作语言，可让英语好的船员替代做必要的简短回答。

② 在军事行动进行中，任何时候船员不要使用照相机。

第三节　船舶是否适合配备武器的探讨

（1）不适合。一些国家的法律不允许带有武器的外籍船只进入其港口；船公司和保险公司担心武装商船会引发与海盗的军备竞争和导致暴力升级；一些工会组织认为使用武器不是船员的责任。

（2）适合。如美国、比利时等国主张商船配备武器，以击败海盗。美国众议院在2009年6月通过要求悬挂美国国旗的船舶配备武装警卫的修正案，并提出要求美国法院豁免“动用或授权动用武力反海盗者”修正案。除了要保证配备武器的船员能进入外国港口外，美国的豁免提案还需要美国政府通过联合国海事机构完成相关协议谈判，以便使其能在其他国家享受类似的免责权，但这些举措现在还难以实现。

第四节　船舶保安设备和工具

一、可利用的设备和工具

任何一艘船舶，即便防海盗方案做得再好，没有一定的防海盗物资作为硬件支持也是无济于事的。公司保安员要确保航经索马里/亚丁湾/塞舌尔群岛附近等高危海区的船舶在开航前及时得到必要的防海盗物资。

（1）太平斧、钩镰枪：可以用来砍断和解除海盗攀爬的缆索和绳钩。

（2）长短适宜的铁棍、铁管（一端带尖）、灭火器等：对待持冷兵器的海盗时可作为自卫和驱赶海盗使用。

（3）警报器：可用于报警，阻吓海盗。

（4）信号发射装置（包括降落伞火箭信号、烟雾信号和信号发射枪）及撇缆器发射枪都可用来阻吓和对海盗产生威慑作用（所述信号不要与《SOLAS》公约要求配备的救生信号弹混放，使用后及时向公司申请补充，使用时要注意不要伤及船员）。

（5）防弹衣、迷彩服、钢盔：用厚度大于5 mm的钢板自制可安置高压直流皮龙头或声光爆炸弹的推移式的弧形防弹护盾；面对海盗使用的轻武器具有防弹作用。

（6）石灰粉小包：在进入海盗活动海域前分别存放在两舷甲板、生活区、尾甲板及各位点，全体船员都要明确知晓存放位置，并注意防潮。

（7）用汽油和空酒瓶制作一定数量的燃烧瓶，可用来回击企图强行登船的海盗。

（8）声光爆炸弹：可在船上用专用发射器点燃发射，可发出巨大响声和亮光，同时伴有烟雾的非伤人性的烟花爆炸性物品。在不违反国际海运通常做法的前提下，适当配备一些令海盗意想不到的反抗器材也是必要的。

（9）带强光手电的电警棍等。

（10）对讲机、超红外线及轻便望远镜；用于加强值班瞭望和船内通信。

（11）超滑泡沫剂和在甲板铺撒碎玻璃渣，以增加海盗攀爬和行走的难度，但也会影响船员行动。

（12）超高功率喇叭；通过高噪音阻止海盗接近。

（13）在船舷左右及船尾加装可外翻安装固定的带刀刺的铁丝围栏并加设照射海面的强光灯，可用来阻止海盗攀爬上船，或增加其攀爬上船的难度，以争取更多的接受救援的时间和机会；其他可用的设施和工具均可用来阻拦和干扰海盗的活动。

（14）在船第一舱后端沿舷侧左右及船尾加装可外翻安装封闭式的高压电网：电压可高达 5 000 V，在两舷和船尾处挂上用英文和索马里语写明“高压危险”的警示牌，以拒海盗于舷外。但通电时不可使用高压水枪，以防电网接地或发生船员触电事故。

二、防海盗专用设备

（1）卫星监测仪。可以通过一台上网的电脑随时探知船舶的准确方位。

（2）“海上劫持警报与船舶追踪系统”。它可以每天发送 6 次卫星信号，向公司报告船舶所处位置、速度和航向。该设备的船舶跟踪系统一旦被海盗干扰或破坏，海上劫持报警器就会通过电子邮件和移动电话及时向公司示警。

（3）便携式雷达。可临时安装在船艉，用来增强探测船艉小目标的功能并示警。

（4）红外线或微光闭路电视监控系统。在驾驶台设立监控中心，并在船首、船艉和两舷分别装设监控摄像头。提高监控和防范能力，可以为以后的证据和资料收集提供方便。

（5）日本开发的“虎之门”系统。当海盗登船使用的爪钩抛上甲板时，系统就会发出警报。但这些专用设备的价格都比较高，船舶普遍装备有较大难度。

第五节　典型船舶保安案例分析

一、法国油轮“林堡”号遭汽艇袭击

2002 年 10 月 6 日，法国油轮“林堡”号在也门海岸抛锚等待引航时，一艘小型船舶朝油轮驶来并引爆了所装载的炸药。爆炸导致“林堡”号油轮 397 000 桶原油受损，并引起大火，一名船员死亡，其他人员获救，基地组织宣称对此事负责。据估计，恐怖分子可能使用了一种装有炸药的遥控汽艇撞在油轮一侧，船舷被撞出了一个洞从而引发爆炸造成起火，致使原油受损和人员死亡。

二、“LT”轮亚丁湾勇阻海盗登轮

1. 遭遇海盗袭击的基本情况

2008 年 9 月 12 日，船时 1805，船位：13 24′.2N　048 19′.7E，2 万多吨级的多用途船“LT”轮航行在亚丁湾，突然发现一艘快艇以 25 节左右的速度从左前方与“LT”

轮航向垂直方向行驶并高速驶来，越过船头。“LT”轮在距小艇 3 海里外已将其锁定在雷达上，驾驶台立即启动消防泵，前后左右 11 根皮龙出水，同时拉响警报，广播全体船员于左舷甲板集合。船长采取左满舵转向的方式试图甩开小艇，但快艇（艇内有海盗 8 人，2 人各手持 1 支冲锋枪，1 人开艇，另 2 人携带挂钩梯）速度太快，很快就绕到“LT”轮左舷 No.3 舱附近，企图强行登轮。船员紧跟并用皮龙水枪喷射，海盗立即用枪向船员扫射，2 名海盗在向船员开枪的同时其中一名海盗协助另一名海盗将挂钩甩到船舷上挂住。医生张锐敏临危不惧第一个冲在前面取掉挂钩，其他船员分别用三角澳木、木条、啤酒瓶（船上分别在左右舷主甲板、船艉甲板提前准备了 300 多根三角木、木条和 100 多个啤酒瓶）连续不断地往海盗身上砸，驾驶台防盗人员对空发射火焰降落伞信号（“LT”轮有一部分过期火焰信号）以求援助，驾驶员用 VHF 在 16,10 频道与联合军舰联系，寻求支援。估计海盗也在高频里听到，便恼羞成怒地向驾驶台和船舷连开 6 枪，而后快速绕到左舷 No.4 舱，在开枪射击的同时又将钩挂住，其他船员用三角木、木条、啤酒瓶猛力往下砸的同时，张医生又迅速将挂钩摘掉。海盗见难以得逞，逐向 No.3、No.2 舱机动，边开枪边挂钩，又连续 3 次被张医生摘脱，船员继续用三角木、木条、啤酒瓶猛力往下砸，致使 2 名海盗受伤；随后海盗迅速转向船尾进行袭击，“LT”轮已在船艉严阵以待，海盗见船员士气旺盛、反击有力和视死如归的精神，又听到船上一直在联系呼叫联军军舰，才被迫放弃劫船计划，驶离距大船 1.5 海里处守候。船时 1836，船位 13-24.4 N /048-25.8 E 又发现 2 艘高速快艇从左横穿船头，同时开枪射击船头，船长左满舵转向避绕，两快艇与距“LT”轮 2.5 海里相持并驶。驾驶员又用 VHF 在 16,10 频道向联合军舰紧急求援，船时 1910 航行至 13-29.6N　048-35.3E 处，联合军舰直升机到达“LT”轮，在该轮上空盘旋，并沿海面搜索，海盗艇才驶离远去，联合军舰直升机在该轮上空盘旋两圈之后于 1930 离开。“LT”轮在与海盗的阻击过程中船员无一受伤，此后该轮全体船员分两班继续实施防范，并于 9 月 14 日船时 0325 安全离开东经 57° 驶入印度洋航行。

2．防范措施

（1）全船生活区左右侧通道门保持畅通（其他封闭），随时保证船员在紧急情况下能快速进出。

（2）在船左右舷主甲板、艉甲板沿边线备足大量用于还击海盗用的三角木、木条、啤酒瓶、铁制品等，做到海盗来袭时，随处可捡，捡起能打。

（3）在船左右舷主甲板各备妥 4 根皮龙，船尾甲板备妥 3 根皮龙，三台主消防泵处于随时可启用状态（消防栓阀门开好后由驾驶台控制），一有情况驾驶台可立即启动任意一台主消防泵。

（4）进入海盗活动海域附近时，在确保正常航行的情况下，停止一切维保工作，全船齐上阵，除值班人员外，其余全部编入防海盗班，分两班防守，每六小时进行轮换，分成三组分别在左右舷甲板、艉甲板值守（夜间，轮休船员在餐厅休息，遇有情况可立即行动，配合值班人员共同驱赶和阻击海盗），明确各小组负责人，配备对讲机，保持 24 小时畅通。值班期间，密切注视周围海面小船情况，发现不正常或可疑的，及时报告驾驶台，情况紧急时能及时行动。

（5）合理部署兵力，防海盗值班人员编班时不分部门，全船统一编组，根据船员体力、年龄、素质、能力和胆量进行编组，以确保如果海盗从多方同时攻击或转移袭击方向时，船上各方都具有反击能力。

（6）在重点时段和部位上实施重点防范，根据海盗活动的规律看，多数在早晨 0500—0800LT 和下午 1700—2000LT（海盗认为这期间是船舶防范最薄弱的时候，如船员吃饭时容易出现防范的空档）时段对船实施袭击，主要袭击船舶的薄弱部位（左右 No.2 ~ No.4 舱部位，这些部位干舷较低，是海盗最容易登船的部位）。在这时间段上应全船组织重点部署和防范。

（7）驾驶台值班人员要加强瞭望，保持雷达观测，经常改变雷达量程，密切注意周围小船的动态，及时锁定目标，加强与防海盗值班人员的通信联络，通报发现的情况；情况紧急时，立即拉响警报（用汽笛或广播）通知全体人员到应急地点集合，全船共同驱赶海盗。

（8）报务员提前存储国际反海盗中心、公司的电话号码，发生险情时，根据船长的指令立即开启 SSAS、EPIRB 等设备，发出警报；驾驶员及时使用 VHF 16，10 频道向联合军舰求援。

（9）船长 24 小时坐镇驾驶台指挥，无异常情况时则在驾驶台休息。出现险情时，及时指挥水手操舵和给船舶保安员指挥信号，船舶保安员根据船长的指挥信号及时调兵遣将，以最快速度、最短时间、最大力量阻击海盗登船。轮机长及时下机舱根据主机负荷随时调整主机转速，确保主机在安全运转的前提下开到最大转速。

（10）全体船员随时处于临战状态，做到“一声令下，不论何时何地都能迅速到达应急地点集合”，突出一个“快”字。

3. 体会

（1）船员的心态是制约和影响事态发展的关键。面对持枪且凶狠的海盗，是坐以待毙还是采取措施面对，可能带来两种截然不同的结果，此时船员的命运更多取决于船员对问题认识的态度。

（2）船员有无克服困难的信心和勇气，船员之间是否合心、合力。

（3）全体船员齐心合力是阻止海盗登船的动力基础，指挥果断、有力，船员敢打善拼是阻止海盗登船的根本保证。

（4）必须动员一切积极因素、采取一切可能的办法阻止海盗登船，决不能有等、靠的思想。同时，一旦发现有海盗小艇袭击本船，除了及时地采取各种自救的自卫防范措施外，还应及时呼叫联合海军请求它们的援助。由于联军不一定就在附近，就是直升机过来也要有一定的时间，如果在这段时间内自卫失败让海盗登了船，等于被控制了船舶，那时即便有援兵来救，可能也是徒劳的。

（5）保持“四机一炉”的正常运转也是保障胜利的关键。在进入海盗活动海区之前一定要认真仔细地保养好主机，保证主机处于100%的正常状态，以便在关键时刻能及时加速摆脱险境。

三、“TWX”轮在船舶失去动力的情况下成功击退海盗

1. 成功击退海盗的战斗经过

“TWX”轮正执行第9航次从上海开往乌克兰等国的生产任务，当船舶航行至船位0617N /05441E，在阿拉伯海南部海域索马里沿岸约310海里时遭遇强风巨浪，主机第一缸排气阀烧坏，停车飘航、更换缸头。至8月16日船钟时间1535LT，二副及防海盗值班人员报告船尾有一艘类似渔船的可疑船舶，距离“TWX“轮约2海里，正慢慢向“TWX”轮靠近。船长马上上到驾驶台，观察到该可疑船舶为白色船壳，没有船名，船长约60 m，甲板上吊有卷起的渔网，甲板有人员约30人，并持续在“TWX”轮正后方以6~7节的速度靠近。船长多次用VHF警告其不要继续向本轮靠近，但该船置若罔闻，继续向“TWX”轮靠近，遂即确认其为海盗船。船长立即拉响全船警报，全船人员迅速穿好防弹衣、戴好钢盔、手持各种自制防卫器械整装集中于船尾，做好战斗准备；主甲板两侧共8条、船尾共4条皮龙同时开启出水。1550LT，该可疑船舶施放一艘小艇。船长一边指挥船员抗击海盗行动，一边命令二副、三副发出相关警报，向各方请求援助；同时“TWX”轮的声光爆炸弹已做好发射准备。海盗母船船头离“TWX”轮0.35海里时，船长下令对母船驾驶台发射第1枚声光爆炸弹，以震慑海盗船。声光爆炸弹擦过海盗母船驾驶台，在其驾驶台右侧爆炸。海盗母船立即向左掉头，同时，海盗母船在其驾驶台的右侧向“TWX”轮发射枪一枚榴弹，该弹贴着“TWX”轮驾驶台左侧飞过，击中驾驶台前左主甲板上的NO.2号克令操纵室的右下方并爆炸，克令操作室右侧玻璃被震碎。海盗母船退至0.5海里处调整航向，船头重新对准“TWX”轮。它施放的小艇顶着风浪向“TWX”轮船尾右后冲锋并用快射自动武器向“TWX”轮扫射。小艇上5人身着迷彩服清晰可见，一人操舵、其余4人持枪分坐两边。“TWX”轮船尾右后声光爆炸弹发射架对准小艇发射第2枚声光爆炸弹，在其旁边的上方爆炸，小艇立即终止第一次冲锋，马上掉头向其母船方向退却。在向0.5海里处母船退却的过程中，母船和小艇同时枪炮齐鸣，掩护小艇撤退。约5分钟后，海盗母船、小艇均向“TWX”轮艉甲板开枪扫射，同时小艇对船尾右后方发起第二次冲锋。“TWX”轮右后艉甲板的发射架在小艇进至约400 m时，再次向小艇发射第3枚声光爆炸弹，在小艇上方爆炸，小艇立即停止了第二次冲锋，向其母船方向退却；接着“TWX”轮又对海盗母船发射第4枚声光爆炸弹，母船再次掉头退至0.6海里处游弋，保持不进不退，与“TWX”轮成僵持对峙状态；双方对峙约15分钟后，小艇又在枪扫炮击的掩护下改变攻击方向，向“TWX”轮船尾左后发起第3次冲锋，“TWX”轮船尾左后发

射架在小艇进至约 300 m 的距离时，对准小艇发射第 5 枚声光爆炸弹，在小艇右上方约 20 m 处爆炸，小艇又立即向其母船退却；双方又成僵持对峙状态，约 20 min 后，母船收回小艇，但仍停留在“TWX”轮正后方 0.6 海里处观望。又过约 15 min，海盗母船用高频喊话“TIAN WANG XING，I GO HOME，GOOD BYE”，向“TWX”轮右后方索马里方向驶离。甲板防海盗人员仍留在艉甲板监视海盗船，机舱人员迅速到机舱抢时间更换缸头，终于“TWX”轮于船钟时间 1840LT 恢复航行。

历时 1 个多小时的对抗，挫败海盗袭击的过程中我方船员没有受到伤害。事后查明，海盗 4 次伴有沉闷炮声的扫射没有造成重要设备受损。从击中 No.2 号克令操作室的内外弹孔径 1.3 cm 左右及千斤滚筒部分受损情况看，可能是具有极强穿甲能力的枪榴弹，其他越过驾驶台顶没有击中的炮弹疑似迫击炮弹。

2. 成功击退海盗 3 次攻击的经验总结

（1）上级有关的各部门指导及时、得力：“TWX”轮在 8 月 5、8、10、11 日分别收到公司各部门主管对船舶防海盗提出的详尽的指示和指导，为船舶防海盗提供了技术、信心的支持；另外，当船舶遭遇海盗袭击并向各方发出报警后，公司立即作出反应，公司领导、调度室等均多次来电指导船舶抗击海盗工作，中国海上搜救中心、迪拜国际防海盗中心及联军军舰均来电给予该轮必要的支持。以上这些都极大地增强了船员抗击海盗的信心和勇气，坚定了抗击海盗的必胜信念。

（2）保持高度警惕，准备工作做得早：在 8 月 9 日船舶就制定并下发每人一份比较周密的《“TWX”轮索马里、亚丁湾海域抗击武装海盗人员分组分工及一般程序》《“TWX”轮索马里、亚丁湾海域防海盗加强班工作方案》等措施和方法，并认真逐项准备落实。13 日开始停止日常维保工作，集全船之力做好防海盗突袭的准备工作，在全船左右主甲板、生活区二层道门出口和船尾正后的两侧共 11 处用 10x10 mm 方木垒制造防弹掩体，并用收紧器将其悬挂固定在栏杆外侧；接好左右甲板 8 根和船尾 4 根共计 12 根的高压皮龙；打制关公刀 4 把；用煤油、汽油和棉纱制作燃烧投掷瓶 20 个，准备了足够数量的打击铁块、木块和空啤酒瓶，布置迅速脱钩装置。13 日晚专门召开防海盗工作动员部署会，把全体人员的思想和注意力及时转移集中到防海盗工作上，并于 14、15 日两次认真组织有针对性的应急检练性演练、演习，从中查找方案的薄弱环节和盲区缺陷，进一步完善防海盗方案和各项措施，增强船员的接敌应变和御敌技能，提高全体船员协同防范的能力，同时，充分利用时间对船上机器做好必要的维护工作。事实证明这些都是必需和有效的。

（3）临危不惧、狭路相逢勇者胜的战斗意志顽强：为了保护国家财产的安全和人员安全，全船上下一心、众志成城、同舟共济，从坐镇驾驶台指挥的船长到在甲板的每一个披甲持器的船员都抱有“人在船存、胜败在此一搏”的必胜信念，都深知在船舶没有动力的危急现状下，只有豁出去、一战求胜，否则绝难善了。全船没有一个怯懦的人，船员没有一个惊慌失措，没有一个大呼小叫、语无伦次、腿肚发软。在海盗枪炮齐发时没有一个因畏惧退却，没有一个情绪动摇而影响其他船员的战斗意志。

（4）策略得当：由于“TWX”轮在国内申领了一箱共计10枚的声光爆炸弹，检练性演习时试射一枚，剩下9枚，数量有限，只能一枚一枚数着用，要考虑主机抢修时间可能与海盗僵持对峙时间增加，既要节省又要能打出威慑力。在近距离短兵相接的情况下，采取的战法是先打海盗母船驾驶台，震慑其意志，迫其退却，又要兼顾声光爆炸弹的射程和船上的存量，采取“敌动我打、敌近我打、敌静我静”，节省存量和保持船员体力，严格控制人员走动和避免暴露；同时，保持船上内部通信的畅通，除了用于协调指挥作战的必要通信外，战斗小组的6部VHF对讲机始终保持静默状态，不给海盗母船艏听到我方的信息从而摸清我方的虚实的机会；另外又及时向外发出警报，请求外援。

（5）注意自我保护，不做无谓牺牲，没有人员伤亡：针对海盗母船两侧虽然挂出碰垫，但因风大浪高，不敢直取主甲板，志在攻夺艉甲板的企图，船舶锁闭一楼道门、窗户，盖死一楼到二楼的楼梯盖板。在船长和现场船舶保安员大副的指挥下，抱定死守艉甲板把海盗拒于船舷以外的信念，全体人员服从指挥，灵活机动，集中在艉楼两侧和正后。所有船员均按要求充分利用艉甲板上缆车、缆桩、导缆滚筒等作为遮蔽物，只露一点戴在头上的铮亮反光的钢盔。为保存体力以期做可能较长时间的对抗，要求船员既不喊叫也不发出其他声响，任由其开枪射弹，以静制动、以逸待劳，并择准时机向海盗船艇发射声光爆炸弹，打击其志在必得的嚣张气焰，震慑海盗，针对海盗小艇或母船抵近后可能的攀爬或跨进船尾甲板时，船员做好投掷燃烧瓶等反击器材、摘钩及近身格斗的体力准备。

（6）恶劣海况也是成功抵御海盗并且没有伤亡的原因之一：风大浪高有助于这次的幸免，海盗船始终未做向“TWX”左右机动进攻的尝试，也可能是同样的原因，海盗母船只施放一艘而不是多艘小艇，从多方多处发起攻击来分散和转移船舶的防御力量。其实机舱人员非常疲惫，14日半夜开始抢修主机，直到海盗来袭拉响全船警报时主机还在抢修中，甚至可以拿“强弩之末”来形容。也由于风大浪高的原因，海盗母船、小艇剧烈颠簸，4次伴有沉闷炮声的射击没有击中船尾甲板人员和艉楼后壁。

3. 击退海盗后的反思

（1）在茫茫大海上，失去动力的船舶，是非常被动和危险的。

（2）船舶在大洋中，且附近又没有可靠的外援的情况下，只有立足于自救才有生存希望。

（3）船舶自卫装备在声光爆炸弹的基础上，还应有所发展和提高。在该海区武装海盗如此猖獗，短期内反武装海盗劫持的形势仍十分严峻的形势下，对于航行在该海区的船舶，要着眼于有更可靠的自卫，反击海盗的打击装备。从海盗母船停留、僵持对峙不愿放弃，小艇反复冲锋攻击，船方每次发射声光爆炸弹都招致对方海岛枪炮的射击来看，找到猎物的海盗以为自己是志在必得。只是苦于海况恶劣，船方又有充分的准备，所见的船方人员又很明显地穿着各色工作服、迷彩服，外加穿了黑色防弹衣、头上钢盔锃亮反光，船方人员似乎有意地引而不发，海盗摸不清虚实，才不敢肆无忌惮放马过来。从弹道与驾驶台左墙壁距离只有 3 m 左右，高度与驾驶台顶同高来看，船上第一枚声光爆炸弹打出后，如果当时海盗母船不是仓皇大角度向左转向退却，导致其射手射偏，驾驶台和生活区后壁极有可能被射中临空爆炸，就极可能危害到正下方较密集的人员；如海盗其后开枪炮击命中生活区后壁，跳弹、爆炸碎片极有可能使其下方人员受伤害。以上两种情况都可能引发集中在艉甲板的人员慌乱，让对方看出端倪；另外如声光爆炸弹被其识破是没有杀伤力的，其后果也是不堪设想的。

四、“振华 4 号”亚丁湾成功勇斗海盗及启示

资料：“振华 4 号”轮是 6 万吨级特大件运输船。这是振华港机公司专门运送港机（港口起重机等大型港口设备）的半潜驳船，半潜驳船一般用于运送海上钻井平台之类，不过也可运送港机，因为干舷低，方便装卸。船舷离海面的高度只有 4.5 m，这样的高度，对于善于攀爬上船的海盗来说是十分容易的。但是后段驾驶楼的船桥到主甲板有 6 m 以上的高差，为船员的防御提供了一个坚固的堡垒。

2008 年 12 月 17 日早上当地时间 8 时，亚丁湾。从苏丹港启程回国的“振华 4 号”船长彭维源举起望远镜对四周海域进行瞭望，发现在前方五、六海里处，有两艘白色小艇正在驶来，十分可疑。这引起了船长的警惕：会不会是海盗？望远镜里，2 艘小艇正直扑而来，果然是不速之客！在小艇距离“振华 4 号”大约 4 海里处，彭维源果断拉响了全船警报！同时，立即向其公司总部、联军和马来西亚反海盗中心等有关机构发出遇险报告。

1. 应急启动应急预案抗击登船海盗

0845 时全船警报拉响后，船上 30 多名船员立即按照防海盗应急预案，紧急行动起来；封闭全船舱门，尤其是驾驶楼下的生活区的舱门，从里面反锁；用气割割断了从甲板前往驾驶楼的铁梯。

这是因为“振华 4 号”本来船舷的高度只有 12.3 m，卸载后必须压水航行，船舷离海面的高度就只有 4.5 m。这样的高度，对善于攀爬上船的海盗来说十分容易。因此“振华 4 号”的防海盗预案是：割断从主甲板到驾驶楼的两架铁梯，利用主甲板到驾驶楼下生活舱有 6 米高的落差这一点，建起一道防线。船员搬出空啤酒瓶，往里灌上易燃的“油漆水”，再用棉纱浸上柴油做导火索，准备了 200 多只“土燃烧瓶”。船员们拉出了消防用的高压水枪，还有的握起铁棒，准备迎战来袭的海盗！

海盗小艇越来越近了，歹徒们挥舞着手中的冲锋枪、机枪和火箭筒，气焰十分嚣张。而“振华 4 号”全船没有一枪一弹，危急时刻，57 岁的船长彭维源响亮地吼了一嗓子：“狭路相逢，勇者胜！”已经当了 25 年船长，经历过五大洲四大洋风浪的他，

一边向远方的振华公司总部报告，一边鼓舞员工士气，带头抄起了家伙。海盗上船，两艘小艇上总共有 9 名海盗，除各留下一个海盗守艇外，其余 7 名爬上了“振华 4 号”。他们冲过 138 m 长的甲板到驾驶楼下，发现铁梯已经被割除，3 名歹徒只能用爬船时自带的轻便型铝合金梯向上攀爬。但驾驶楼底层的生活区舱门早已反锁，而且是厚厚的水密门，歹徒怎么也撞不开。恼羞成怒的歹徒只能用冲锋枪对准锁孔乱射，虽然子弹横飞，但反锁的水密门性能良好、岿然不动。就在歹徒进攻受挫的时候，船员们的反击开始了。驾驶楼里的 8 条高压水枪从舷窗里有力地射出来，形成交叉火力，射得歹徒站立不稳。一只只“土燃烧瓶”从天而降，虽然没有强大的杀伤力，但足以吓阻歹徒的进攻。歹徒开枪时子弹乱飞，彭维源一面提醒船员注意隐蔽，一边扔出一个个“土燃烧瓶”。

北京时间 1345 时（亚丁湾时间 0945LT），中国海上搜救中心接报后，中国交通部领导高度重视，按照副总理的批示要求，立即启动了应急预案。中国交通部领导召开会议研究部署解救工作，翁孟勇副部长亲自坐镇指挥，要求在确保船员安全的情况下，尽量拖延时间争取外援；要求与国际海事局联系，请求协调多国部队的军舰和飞机去救援。并成立一个临时工作组，落实相关工作。

中国海上搜救中心立即和马来西亚防海盗中心联系，请他们协调多国部队来解救船员。中国交通部公安局与“振华 4 号”轮进行联系，指导他们与海盗周旋，拖延时间。交通部海事局与国际海事组织取得联系，请求协助多国部队支援。此外，中国交通部国际司也联系中国外交部，通过外交渠道寻求其他国家支持。

经过协调，当地时间 1115LT，马来西亚一架武装直升机赶到现场，对海盗实施了一轮攻击。狡猾的海盗立即将一艘小艇挂在“振华 4 号”船舷边，让直升机投鼠忌器，无法对小艇射击。两名原来守艇的海盗也逃上了“振华 4 号”，另一艘小艇还来不及挂舷就被直升机击沉了。直升机因为油料有限，滞空作战时间有限，不一会儿就返回基地加油了。直升机虽然走了，但“振华 4 号”上的攻防战进入了“相持阶段”。

困在主甲板的两名歹徒，突然做着手势，喊着向驾驶楼上的船员提出了一个意想不到的请求：“给两双鞋子吧！”原来，主甲板上满是“土燃烧瓶”爆炸后的碎玻璃，光脚的歹徒别说进攻了，就连逃命都没法迈步。

海盗劫船，通常只是为了抢劫钱财或劫持人质勒索赎金。因此船员们在抵御海盗的侵袭时，既要坚决抵抗，又要尽可能不杀死海盗，以防对方丧心病狂，报复杀人。这不仅是勇气的较量，更是智慧的较量。于是两双鞋子扔了过去：穿上滚吧！所有的海盗都退回了船头。相持中，马来西亚反海盗中心告知：马来西亚的军舰和两架武装直升机正在赶来！

马来西亚军舰正在也门沿岸，离“振华 4 号”还有四五十海里，两船必须相对而行，尽快会合。可惜军舰的航速只有 12 节，“振华 4 号”的航速只有 9.4 节。

彭维源在马来西亚反海盗中心指点下不断调整航向：“转 010！”“转 000 方向！”船员们将 15 箱没有喝过的罐头啤酒也当作自卫的“武器”。

1245LT，觉得苗头不对的 9 名海盗灰溜溜地下船，乘上小艇逃走了，至此，经过 4 小时的周旋，登船海盗被逼离“振华 4 号”轮，船上 30 名中国籍船员成功脱险。1400LT，“振华 4 号”与前来接应的马来西亚军舰会合，30 名船员无一伤亡。

北京时间 21 时，振华港机决定奖励“振华 4 号”英勇的 30 名船员 30 万美元，以表彰他们捍卫了中国海员的尊严。

2. 几点启示

“振华 4 号”成功阻击海盗攻击、拖延时间获得多国部队救援的事例中，有以下几点值得我们学习。

（1）事先制定完善的防海盗应急预案并经常演练。从事后调查得出，“振华 4 号”轮在船上已经有一套通过亚丁湾/索马里海域时的应急预案，包括人员分工和职责，海盗从发现到登轮等不同阶段的应对措施。从割断梯子、生活区道门内部反锁措施、预先备足了简易的抗海盗用品、熟练地投掷燃烧瓶等看，船上是有预先准备和进行过事先多遍演练的。

（2）船长指挥得当，全体船员齐心协力、机智勇敢。没有船长的沉着果敢、指挥得当，没有全体船员的齐心协力和熟练操作，该轮可能是第二艘乌克兰军火船（此前有一艘乌克兰军火船被索马里海盗劫持去）。而该轮用啤酒瓶制作的那么多燃烧瓶、皮龙和其他物件也都派上了用场。

（3）因地制宜、精心布置退路。提前将从甲板前往驾驶楼的铁梯割下收起，上体口加盖板并锁定；利用后段的船桥驾驶楼到主甲板有 6 米以上的高差来进行防御，发现海盗后封闭全船仓门，尤其将驾驶楼下生活区的舷舱门从里面反锁。

所以，如何根据船舶各自的结构特点在海盗上船后选择安全的坚守阵地，且能时刻保持通信，是我们必须面对的问题。

（4）通信畅通、报告及时。该轮在海盗登船时及时报告其公司并通过公司报告给中国海上搜救中心总值班室，从而通过国家层面联系各方力量支援。

（5）公司、岸基部门反应及时、求援有方。公司接到船上的遇险信息后立即上报中国海上搜救中心，在国务院、交通部领导的关心和指挥下，及时联络到了救援力量。

总之，虽然逼退海盗的决定性力量是多国部队的军舰和武装直升机，但“振华 4 号”全体船员英勇机智的表现为他们自己争取到了宝贵的救援时间，是值得我们学习的。国际海事局设在马来西亚首都吉隆坡的海盗活动报告中心官员诺埃尔·钟说：“因为中国船员们的反应，救援的军事直升机得以赶到，并试图击退海盗。海盗们最终被击退离开了轮船甲板。这是海盗虽然已经成功登船、却未能劫持船只的少有例子。”

五、俄披露抢回“莫斯科大学”号油轮细节可能成为反海盗典范

2010 年 5 月 7 日。俄罗斯国防部和海军首度向国际媒体披露了俄海军智斗索马里

海盗，成功解救5日在亚丁湾海域遭劫持的“莫斯科大学”号油轮的细节。解救细节曝光后，引起国际社会极大关注，因为此次成功打击海盗、营救被劫持船只的行动，很可能成为世界各国反海盗行动的范本。

1. 海军情报官电授“保命秘籍”

2010年5月5日中午12时，阿拉伯海索科特拉岛东600 km，一伙索马里海盗凭借一艘快艇成功登上了俄罗斯10.6万吨级油轮“莫斯科大学”号。该油轮属于俄罗斯国营现代商船公司下属的新罗西斯克航运公司，悬挂利比里亚国旗，事发海域位于欧盟海军的护航区域。事发时，油轮上共有23名俄罗斯船员，正运载约8.6万吨、总值高达5 200万美元的原油由苏丹开往中国宁波，原油属联合石化所有。联合石化是中国石油化工总公司和中国化工进出口总公司合资组建的对外贸易企业。中石化发言人5日表示，联合石化和俄罗斯运油轮应该都购买了保险，而且在遇到海盗劫持情况时，有具体支付赎金等对应“行规”，中石化本身不直接介入处理这类问题。

劫持事件发生后，油轮船长向正在附近海域执行护航任务的俄反潜驱逐舰“沙波什尼科夫元帅”号发出求救信号，称持枪海盗向油轮开枪。军舰立即赶往事发地，舰上的情报官则同时向船长发出保命指示：“把自己反锁起来，关闭油轮发动机，等候军舰到来。”接到这一指示后，23名俄罗斯船员立即躲进船舶安全室，将自己反锁在雷达舱内。安全室内储有食物、饮水和通信设备，而且室门经过特殊处理，只能从内部打开，海盗对此束手无策。由于海军情报官“指示得当”，海盗劫船后20多小时内一直没抓到船员作为人质，为海军的营救创造了重要的条件。

2. 转移海盗注意力突击队员登船

据俄罗斯媒体5月7日报道，“沙波什尼科夫元帅”号反潜舰一小时内赶到出事海域，但海盗们向反潜舰航行方向开枪，并恐吓要杀人质与炸船，在这种情况下，俄海军一边派出直升机反复侦察海盗在油轮上的位置，一边与被困船员联络，确定无人沦为人质。

6日上午7时45分，获得足够情报的俄军展开营救行动。解救行动持续了两个半小时，在距离油轮80 km处，从“沙波什尼科夫元帅”号上起飞的一架直升机进行最后的方位侦察活动。俄方直升机遭海盗射击，飞行员立即动用重武器进行还击。“沙波什尼科夫元帅”号靠近油轮后，则用重型机枪和30 mm口径火炮发射警示弹，从而成功地转移了海盗们的注意力，同时，俄海军特种部队成员已分乘3艘快艇逼近油轮。处于火力扫射和快艇包围下的海盗被迫请求俄军停火，缴枪投降。

海盗落网后，当时的俄罗斯总统梅德韦杰夫6日表示，俄罗斯政府将严格按照海军军法惩治劫持俄罗斯“莫斯科大学”号油轮的海盗，梅德韦杰夫还表示，所有参加此次行动的俄军官兵，都将获得勋章：“这是一次精确、职业而迅速的营救行动。”

俄罗斯总检察院侦查委员会发言人弗拉基米尔·马尔金说：“检方采取措施将抓获

的海盗运往莫斯科，以便进行侦查工作，并根据现行俄罗斯法律以及国际法，让他们承担刑事责任。”

3. 惩处海盗各国难协同

然而，到了 5 月 7 日，俄罗斯国防部官员却透露说，俄海军在缴获海盗们的枪支后，已经将他们释放。事实上，这也是国际反海盗的一个尴尬问题：逮捕了海盗后，不知该送到哪里去审判，肯尼亚和塞舌尔已经审判和监禁过几十名外国海军逮捕的索马里海盗，但两国均表示，如果所有的索马里海盗都送到那里的话，他们也无能力处理。

索马里自 1991 年以来持续战乱，沿海地区海盗活动猖獗。国际海事局公布的数据显示，2009 年索马里附近海域发生海盗袭击事件 214 起，至少 47 艘船只遭劫持。拥有精良装备的海盗不断拓宽袭击范围，各国派遣舰队护航却收效甚微，尤其在海盗登船制服船员后，考虑到人质安全问题，护航海军即使赶到现场也不敢轻易采取行动。

第六章　实施和保持船舶保安的措施

本章特别涉及在各保安等级中采取的保安措施：

① 船上人员、乘客、访问人员等进入船内；

② 船上受限区域；

③ 货物装卸；

④ 船上物料交付；

⑤ 处置无人照管的行李；

⑥ 监控船舶保安。

第一节　人员及行李上下船的控制

SSP 中应制订相关的保安措施以保证无人照管的行李（任何包裹，包括在检查口与乘客或船上工作人员分离的个人行李）在装上船之前，经过识别、扫描检查以及搜查。

没有必要对行李分别进行船上和港口检查，如都有检查设备，则最终应由港口设施方负责检查。与港方密切合作至关重要。应采取措施保证安全处置经扫描检查的无人照管行李。

1. 保安等级 1

本等级中 SSP 应规定处置无人照管行李时适用的保安措施以确保所有无人照管行李至少经过 100% 的检查，包括 X 射线的检查。

2. 保安等级 2

本等级中 SSP 应规定处置无人照管行李时适用的附加保安措施包括对所有无人照管的行李进行 100% 的 X 射线的检查。

3. 保安等级 3

本等级中船舶应遵守负责应对保安事件或威胁的人员的指令。SSP 应详细制订与这些人员和PFSO密切合作时船舶应采取的保安措施，可包括：

（1）至少从2个不同的角度使用X射线进一步检查行李；

（2）限制或停止对无人照管行李的处置；

（3）拒绝接受无人照管行李上船。

第二节 上下船通道的控制

SSP应对SSA中确定的所有下列进入船舶通道的设施制订相应的保安措施：

梯子通道；舷门；跳板；门、舷窗、窗及舷门；系泊绳和锚链；克令吊和升降装置。

SSP中应写明这些地点的具体位置并根据各保安等级采取限制或禁止措施，对于不同的保安等级，应有不同的限制或禁止措施。

对各保安等级，SSP都应建立开放进入船舶通道的识别方法并不要使船上滞留人员成为威胁源，可以采取具体措施制订相关的船舶识别系统并向船上人员和访问者分别签发永久或临时通行证，该识别系统应与适用港口、设施的相应系统相互协调，乘客应出示登船证件、船票等证明。但除非有人监控，乘客还是不得进入受限区域。SSP必须建立规定以确保系统及时更新，并对滥用程序者予以纪律处分。

不愿或不能证明其身份和/或确认其登船目的的人员不能登船，并应向SSO、CSO和PFSO以及国家和地方有关保安当局报告该类事件。

SSP应写明实施通道控制的频率特别是当临时或随意运用时。

1．保安等级1

本等级中SSP应制订控制进入船舶通道的保安措施，下列可适用：

（1）检查所有登船人员的身份证明并通过检查联合命令、船票、登船通行证工作许可等确认其登船的原因；

（2）与港口设施联系后，应确保指定的保安区域可以对人员、包裹，包括手提袋、人员行李、车辆和其所在物进行检查；

（3）与港口设施联系后，船舶必须确保车辆装入车辆甲板、滚装船和其他客船之前根据SSP规定的频仍进行检查；

（4）把已经检查的人员及其行李与未经检查的人员及其行李隔离；

（5）把上船与下船的人员隔离；

（6）识别需要保安或监管的通道，以防止人员擅自进入；

（7）使用锁闭等办法关闭通往紧邻乘客和来访者区域的无人处所；

（8）对船上所有人员通报可能的威胁，要求提供报告可疑人员、物体或行动的程序以及保持警惕。

保安等级 1 时，所有准备登船的人员应服从搜查。已批准的 SSP 中应明确规定这类搜查，包括随机搜查的频仍，并且应经主管机关的批准，搜查最好由港口设施与船舶密切合作并在船舶最近区域进行，除非有明显的保安方面的理由，船员之间不得相互搜查人身和行李。进行任何这类搜查时，应充分考虑尊重人权和保护基本的个人尊严。

2. 保安等级 2

本等级中 SSP 应制订预防保安事件风险性升高时适用的保安措施，以确保更高等级的防范和更严密的控制，包括：

（1）安排人员在寂静之时进行甲板巡逻以防止人员擅自登船；

（2）限制船舶的通道，标明需关闭的通道及其保安措施；

（3）通过与港口设施联系，对船舶附近水域进行巡逻等以控制靠近船舶的水上通道；

（4）与港方联合建立船舶靠近码头附近的受限区域；

（5）加强船上人员、行李和车辆的搜索频仍和力度；

（6）陪同船上的来访者；

（7）向船上人员提供额外的保安通报，告知任何威胁，报告可疑人员、物品或行动的程序并强调提高警惕；

（8）对船舶进行全面或部分搜查。

3. 保安等级 3

本等级中，船舶应遵守负责应对保安事件或威胁的人员的指令，SSP 应详细制订与这些人员和港口设施密切合作时船舶应采取的保安措施。可包括：

（1）只开放一个受控通道；

（2）只向负责应对保安事件或威胁的人员开放通道；

（3）船上人员的方向；

（4）停止上下船；

（5）停止装卸货物、交付物料等；

（6）撤离船舶；

（7）船舶的移泊；

（8）对船舶进行全面或部分的检查。

第三节　制定船舶限制区域

SSP 应规定船上受限区域、受限区域范围、时效以及控制通往受限区域通道的保安措施、受限区域内部活动等。规定受限区域的目的是：

阻止擅自进入的海象发生；

保护乘客、船员、港口设施内人员及其他授权上船的代理；

保护船上敏感的保安区域；

保护货物和船上物料免遭破坏。

SSP 应确保所有受限区域有明确的控制方法和实际措施。

SSP 应规定所有受限区域必须有清楚的标示，表明相关通道受限，擅自进入违反保安规定。

受限区域可包括：

驾驶台 A 类机器处所和第 II-2 章中规定的其他控制站；

安装了保安监控设备和系统及控制照明系统的处所；

有通风、换气系统和其他类似系统的处所；

通往饮用水舱、泵舱、总管的处所；

装有危险货物或财产的处所；

装有货物泵及其控制的处所；

货物处所和船舶物料处所；

船员舱室；

其他 CSO 认为必要的区域，通过 SSA 确定受限区域以确保船舶安全。

1. 保安等级 1

本等级中 SSP 应制订适用于受限区域内的保安措施。其中包括：

（1）锁闭或关紧通道口；

（2）在该区域内使用监控设备；

（3）安排警卫或进行巡逻；

（4）使用自动探测侵入设备以向船上人员发出未经准许进入的警报。

2. 保安等级 2

本等级中应加强监控的频仍和密度以及对进入受限区域通道的控制，确保只有经过批准的人员才能进入。SSP 还应制订适用的附加保安措施，其中包括：

（1）建立通道口附近的受限区域；

（2）连续监控监视设备；

（3）增加在受限区域进行站岗和巡逻的人员。

3．保安等级 3

本等级中，船舶应遵守负责应对保安事件或威胁的人员的指令，SSP 应详细制订与这些人员和港口设施密切合作时船舶应采取的保安措施。其中包括：

（1）规定船上保安事件区域附近或可能威胁安全处新增受限区域、封锁通道；

（2）对受限区域进行搜索。

第四节　监测和控制船舶限制区域

SSP 应规定船上受限区域、受限区域范围、时效以及控制通往受限区域通道的保安措施、受限区域内部活动等。规定受限区域的目的是：

阻止擅自进入；

保护乘客、船员、港口设施内人员及其他授权上船的代理；

保护船上敏感保安区域；

保护货物和船上物料免遭破坏。

受限区域的监控措施：SSP 应制订在受限区域内适用的保安措施。

1．保安等级 1

（1）锁闭或关紧通道口；

（2）在该区域内使用监控设备；

（3）安排警卫或进行巡逻；

（4）使用自动探测侵入设备以向船上人员发出未经准许禁止进入的警报。

2．保安等级 2

本等级中，应加强监控的频率和密度以及对进入受限区域通道的控制，确保只有经过批准的人员才能进入。SSP 还应制订适用的附加保安措施，包括：

（1）建立通道口附近的受限区域；

（2）连续监控监视设备，以及增加在受限区域进行站岗和巡逻的人员。

3．保安等级 3

本等级中，船舶应遵守负责应对保安事件或威胁的人员的指令。SSP 应详细制订与这些人员和港口设施密切合作时船舶应采取的保安措施，包括：

（1）规定船上保安事件区域附近或可能威胁安全处新增受限区域、封锁通道；

（2）对受限区域进行搜索。

第五节　有效监控甲板区和船舶周围区域

船舶甲板和船舶周边范围的监控要求：

船舶应有能力监控船舶自身、船上受限区域以及船舶周围区域，包括使用照明在内的值班人员保安和甲板值班工作内容包括：巡逻，以及自动侵入探测设备和监控设备。

在建立有关等级和照明点时应考虑下列因素：

船上人员应能够观察到船舶两岸的情况；

覆盖区域应包括船上和附近区域；

覆盖区域应便于在通道处对人员的检查；

覆盖区域还可通过与港口设施协商决定。

1. 保安等级 1

包括照明、值班人员、保安人员或使用保安和监控设备在内的保安措施使监控人员能观察到船舶的总体面貌，特别是栅栏和受限区域。

2. 保安等级 2

（1）加强保安巡逻的频率和范围；

（2）加强照明的覆盖范围和密度或加强使用保安监控及设备；

（3）增加保安值班人员；

（4）确保与水上巡逻艇、岸上人员和车辆巡逻的协作。

3. 保安等级 3

（1）打开船上或附近的照明，打开监视设备监控船上和附近的活动；

（2）最大时间地使用这些记录设备，准备船体水下检验；

（3）采取包括船舶螺旋桨低速旋转在内的措施以防止水下侵入船体。

第六节　处理货物和物料的保安措施

一、货物装卸

涉及货物装卸的保安措施应包括：

防止对货物的破坏；

防止出现非船舶预定装载的货物装载，储存上船。

保安措施有些可能必须与港口设施方面联系后才能实施，必须包括在通道入口处对清单进行控制的程序装船后，还应有办法鉴定货物是否系批准装船的货物。此外，应制订保安措施确保货物装船后不受破坏。

1. 保安等级 1

本等级中 SSP 应规定货物装载时的保安措施，其中包括：

（1）装卸之前和装卸期间对货物、货物运输工具和货物区域的常规检查；

（2）检查确认装船货物与单据所载品名是否相符；

（3）与港口设施取得联系，确保所有运车船、滚装船和客船上的车辆在装载之前已根据 SSP 规定的频仍要求进行了检查；

（4）检查封条或其他防止破坏的方法。

可以通过以下方法对货物进行检查：

（1）目视和实地检查；

（2）使用扫描设备、探测设备、机械设备或警犬。

如要定期批量转移货物,CSO 或 SSO 可与港口设施协商与承运人或其他货主在异地检查、封箱和签署有关单据等。该安排须通知并经有关 PFSO 同意。

2. 保安等级 2

本等级中 SSP 应制订货物装卸时适用的附加保安措施。其中包括：

（1）详细检查货物、货物运输工具和货物区域；

（2）加强检查以确保货物的正确装载；

（3）对准备装运上运车船、滚装船和客船的车辆实施严格搜查；

（4）加强检查封条或其他预防破坏的方法。

可以通过下列方法进一步对货物进行检查：

（1）加强目视和实地检查的频率和力度；

（2）加强使用扫描设备、探测设备、机械设备或警犬的频率；

（3）除已有的程序外，与承运人或其他方一起加强保安措施。

3. 保安等级 3

本等级中，船舶应遵守负责应对保安事件或威胁的人员的指令，SSP 应详细制订与这些人员和港口设施密切合作时船舶应采取的保安措施。包括：

（1）停止货物装卸；

（2）验证船上危险货物和财产的清单及存放地点。

二、交付船舶物料

有关船舶物料交付时的保安措施应包括：

（1）确保船舶物料和包装的完整；

（2）防止对未经检查的船舶物料进行验收；

（3）防止破坏；

（4）防止对未经订货的船舶物料进行验收。

对经常使用港口设施的船舶，可以建立包括船、供应商和港口设施在内的通知，交递单据时间的程序，应始终有可以确认的机制以确保装船的货物附带证明。

1. 保安等级 1

本等级中 SSP 应规定交付船舶物料时的保安措施。包括：

（1）装船之前确认物料与清单相符；

（2）确保船舶物料的直接系固堆放。

2. 保安等级 2

本等级中 SSP 应制订交付船舶物料时适用的附加保安措施，包括接受物料之前的核查和加强检查。

3. 保安等级 3

本等级中，船舶应遵守负责应对保安事件或威胁的人员的指令，SSP 应详细制订与这些人员和港口设施密切合作时船舶应采取的保安措施。可包括：

（1）加强检查船舶物料；

（2）限制或停止物料装船；

（3）拒绝物料装船。

第七章　船舶保安设备

第一节　船舶保安设备的使用和注意事项

一、总则

（1）船舶保安报警系统及其配备符合《SOLAS》公约修正案 XI-2 章第 6 条的要求。

（2）SSO 负责储存、控制和维护船上所有的保安设备，并确保由拥有适当资格的机构进行测试和校验并保存相关记录。

（3）所有的保安报警的启动和不起作用的保安报警的技术资料均应交由 SSO 保存。

（4）所有的保安报警系统均应经过定期的测试。这种测试应有文件记录并反映出对厂商的建议以及船舶特殊装置/设备的考虑。

二、保安设备配备一览表（例）

编号	设备名称	型号	地点	操作员	负责人
01	船载自动识别系统（AIS）	JRC /JHS-182	驾驶台	值班驾驶员	二副
02	甲板照明（Deck light）	TG2-B	各层甲板	值班水手	电子员
03	通用报警	J-SAP-M-M500K	见防火控制图	所有船员	电子员
04	消防皮龙（Fire hose）	65	见防火控制图	水手	三副
05	船舶保安报警系统(SSAS)	JRC/JUE-85	驾驶台	船舶保安员/船长	船舶保安员/船长

注：本表列出船舶所使用保安设备的类型和总数以及其功能。

三、保安设备的使用须知

1．自动识别系统（AIS）操作规程

1）开机 Turning ON the power。

按下“PWR/DIM”键一秒后开启电源，大约 5 s 后显示开机，约 40 s 后显示其他船舶数据。

按“MENU”键显示主菜单。

按“DSPL/SEL”键转换文字和图像显示。

当报警器报警时，按“CLR”键消除报警。

信息屏显示以下信息：

航行静态数据；

船舶静态数据；

MMSI/IMO 号；

MMSI 设置。

2）其他船舶目录。

打开电源后，显示他船目录。当显示主菜单时，按[CLR]键后，显示他船目录。

用操纵杆从他船目录中选择某一艘船，将会显示出该船的相关信息。

3）本船详细信息。

当从船舶目录中选择本船，将显示出本船信息。

4）图像显示（Graphic Display）。

按[DSPL/SEL]键可完成文字和图像显示之间的转换。

5）关机。

警告：关闭电源之前必须输入密码，否则设置的内容不能被保存。

设备出厂设置的密码是“0000”。由管理员负责管理密码。

关机时首先按[OFF]键，根据提示输入四位密码，然后同时按住[PWR/DIM] 和[OFF]键一秒钟直至关机。

6）检查和保养（Test and maintenance）。

（1）任何时候只要有需要，值班驾驶员应检查船舶静态信息数据，以确保其是正确和最新的，至少每航次或每个月检查一次，取时间较短者；

（2）船舶在航行中应定期进行常规检查以保证所发送的信息的准确性，在沿岸水域应增加检查的频率。

2. 甲板照明（Deck light）

甲板照明由值班水手负责开启和关闭，电机员负责进行维护，因保安等级改变，需增加照明或临时开启或关闭，按船舶保安员或船长指令执行。甲板照明设备由电机员根据公司 SMS 的要求进行维护保养。

3. 通用报警（General alarm）

常规通用报警按钮在驾驶台，由值班驾驶员根据船长指令进行操作，在紧急事件发生时，发现紧急情况的船员可就近启动通用报警。方法是敲碎保护玻璃盖，按下述信号进行发送。

（1）消防：短声，连放一分钟　　　　……………

（2）弃船：七短一长，连放一分钟　　....... ______

（3）人落水：三长声，连放一分钟　　　_____ _____ _____

（4）进水/堵漏：二长一短，连放一分钟　　_____ _____.

（5）防污染：一短二长一短，连放一分钟　._____ _____.

通用报警由电机员根据公司 SMS 要求进行测试及维护保养。

4. 消防皮龙

根据公司 SMS 要求进行检查和维护，采取保安措施使用时根据船长或船舶保安员的指令放置。

5. JRC JUE-85 保安报警系统（SSAS）操作说明

（JRC JUE-85 SSAS OPERTION INSTRUCTION）

警报系统 Alert System	启动点位置 Activation Point Location
	驾驶台 Bridge
	船长室 Captain Room

1）发送报警流程（Flow chart of Security Alert transmission）

打开按钮盖，按下报警按钮并保持 30 s，报警信号发出。此时保安报警设备会按照预先设置的地址发送报警信息。

再按一下此键停止报警发送。

2）发送测试（Transmission test）。

（1）按“ESC”键直到屏幕清零。

（2）按<ALT> + <U> 键出现“SET UP”对话框。

（3）选择“Scheduled transmission”项，按<Enter>键进入“Security Alert transmission”对话框。

（4）按<Ctrl>+<F10>进入“Password”对话框。

（5）输入密码后按回车键。

（6）按<F1>键，显示告警窗口。

（7）选择[OK]后按回车键；报警发送测试启动。

* 此时若要停止测试，按<F1>键选择[OK]项后按回车。告警窗口显示测试停止。

* 若要继续测试，选择[Cancel]项后按回车键；测试继续进行。

（8）当测试完成时，屏幕最下端重新显示[F1:　SSAS TEST ON]。

检查和维护：

船舶保安报警系统安装上船后，船舶保安员应每月检查一次，并按“SSAS 检查和维护记录表”做好记录。

四、指定接收人员已输入到设备

（1）公司保安员 XXXXXXXXX。

（2）船旗国政府。

（3）SSAS 检查和维护记录。

日期 Date：

检查项目	检查结果
天线	
电缆（包括电源电缆和信号电缆）	
NO.1 报警按钮	
NO.2 报警按钮	
通信单元	
发送测试信息	

注：船舶保安员应每月检查一次。

Note：The ship's security officer should to check it one time one month.

第二节　船舶保安警报系统（SSAS）

一、船舶保安警报系统

为了加强海上保安，2002 年 12 月在伦敦召开的国际海上保安外交大会上通过了《1974 年国际海上人命安全公约》现有条款的修正案，新增 XI-2 章——“加强海上保安的特别措施”。XI-2 章要求相关船舶必须配备船舶保安警报系统，以便在遭遇劫持或武装攻击时可以启动该系统，及时向主管当局发送船对岸的保安警报。该系统至少包括两个启动点，其中一个在驾驶台，并且这些启动点都能发射船舶保安警报。该系统允许使用隐蔽启动点向有关当局报警，但如果不在船上，拉响警报也不会向任何他船发送保安警报。

1. 船舶保安警报系统（SSAS）的安装期限

所有船舶应按以下规定装设船舶保安警报系统：

（1）在 2004 年 7 月 1 日或以后建造的船舶需于建造时完成；

（2）现有客船（含高速客船）和 500 总吨及以上的油船、化学品液货船、气体运输船、散货船、高速货船，应不迟于 2004 年 7 月 1 日以后的第一次无线电设备检验时完成；

（3）现有 500 总吨及以上的其他货船和海上移动式钻井平台，应不迟于 2006 年 7 月 1 日以后的第一次无线电设备检验时完成。

2. 对船舶保安警报系统（SSAS）的工作要求及性能标准

根据《SOLAS》公约 XI-2 章第 6 条、IMO MSC136（76）决议以及 2003 年 5 月召开的 MSC 第 77 届会议上对 MSC136（76）决议的修订，船舶保安警报系统的工作要求、性能标准包括如下内容：

1）船舶保安警报系统（SSAS）启动后，应：

（1）开始向主管机关指定的主管当局（在此情况下可包括公司）发送船对岸的保安警报，确定船舶身份、船位并指出该船的保安状况，是否受到威胁或已受到危害；

（2）不向任何其他船舶发送船舶保安警报；

（3）不在船上发出任何警报；

（4）在关闭和/或复位前持续发送船舶保安警报。

2）船舶保安警报系统（SSAS）的启动要求。

船舶保安警报系统应：

（1）能够从驾驶室和至少一个其他位置启动；

（2）不低于 IMO 通过的性能标准：

① 在缺少船舶主电源的情况下，船舶保安警报系统仍然能够工作；

② 启动点应该能在驾驶台和其他位置被使用，无须移动铅封或打开盖子、封条，就可启动任意一个调节装置；

③ 启动点应该能够让一个无线电通信系统开始运转；

④ 船舶保安警报系统的启动不应该削弱 GMDSS 装置的功能；

⑤ 船舶保安警报的发送应该包含一个依据 GMDSS 遇险程序产生的代码、船舶识别号及船舶的位置；

⑥ 船舶保安警报系统应该能够得到测试。

3）船舶保安警报系统（SSAS）启动点的设计应能防止船舶保安警报误发情况的发生。

4）只要符合上述所有的要求，可以通过使用为符合《SOLAS》公约第Ⅳ章要求而安装的无线电设备来使其符合船舶保安警报系统的要求。

5）经主管机关批准的船舶保安计划应包括使用船舶保安警报系统的程序和启动点的位置。

6）如果主管机关收到船舶保安警报通知，该主管机关应立即通知船舶当时航行位置附近的国家。

7）如果一缔约国政府收到非悬挂其船旗的船舶的保安警报通知，该缔约国政府应立即通知有关主管机关，并在合适时通知船舶正在航行位置附近的国家。

3. 可以被用作船舶保安警报系统的现有 GMDSS 设备

根据 IMO 关于船舶保安警报系统的性能标准的规定，船舶保安警报系统可以利用符合《SOLAS》公约第Ⅳ章要求的无线电通信设备或专用无线电通信系统，但是具体是哪一种设备，并未做具体规定。很显然，对不同类型、不同航线的船舶配备保安警报系统的要求不同，这完全要取决于主管机关的规定。可能被使用的设备包括以下几种：

（1）被改进的 GMDSS 设备；

（2）沿岸航行时，可使用便携式电话；

（3）GMDSS VHF/MF/HF。

4. 船舶保安计划中对警报系统的规定

（1）根据 ISPS 规则 A 部分的规定，船舶保安计划中应指明船舶保安警报系统启动点的安装位置，以及船舶保安警报系统的使用程序。

（2）为了避免不利于在船上装设船舶保安警报系统的目标，主管机关可允许将此信息保存在船长、船舶保安员和公司所决定的其他高级船上人员知道的船上其他位置。

（3）船舶保安计划中应具体包括船舶保安警报系统的试验、启动、关闭和预设定、复位、维护以及减少误报警的程序、说明和指导。

（4）考虑到不同船舶上所装设的警报系统的不同，因此，可引用设备厂商供货说明书。

（5）所有的船舶保安警报系统均应经过定期的测试，这种测试应有文件记录并反映出对厂商的建议以及体现特殊的要求。

（6）有关所有的保安警报的启动和不起作用的保安警报的技术。资料应由船舶保安员保存。

二、船舶保安设备

2002 年 12 月召开的 IMO 海上保安外交大会通过的《SOLAS》公约修正案，要求加速船载自动识别系统（AIS）的安装进程。可见，船舶识别是船舶安全与保安的重要课题。

AIS 旨在提高海上人命安全、航行安全和效率以及保护海洋环境。AIS 可在船与船之间以及与岸基设备之间交换信息。因此，AIS 的目的是帮助识别船舶、协助进行目标跟踪、简化信息交换（如减少口头强制船舶报告）以及提供额外的信息以帮助了解情况。

AIS 的实施不仅能够使船舶间避免碰撞的措施加强，而且还可以有效地协助船舶跟踪和避让目标。AIS 的配置，为船舶航行安全和航行管理提供了一种新型有效的手段，同时 AIS 也是船舶必不可少的保安设备。

虽然 ISPS 规则 A 部分及《SOLAS》公约第 XI-2 章对船舶应配备何种保安设备未作明确规定，但是 ISPS 规则的 B 部分提到了自动闯入探测装置、警戒与监控设备、扫描/探测设备、连续监视警戒设备、X 射线透视设备、炸弹探测设备等几种保安设备。除了 AIS 必须在规定的期间强制配备外，其他保安设备的配备由缔约国主管机关授权的主管当局确定。

1. 船载自动识别系统（AIS）

AIS 又称全球无线电应答器系统，是国际海事组织、国际航标协会、国际电信联盟等国际组织共同的研究成果，它极大地增强了雷达的功能，可以不通过雷达就使 VTS 了解所有装有 AIS 船舶的完整的交通动态，VTS 的岸基装置还可以监视和跟踪这些船舶，并与其交换数据。

1）配备要求。

所有 300 总吨及以上的国际航行船舶和 500 总吨及以上的非国际航行船舶，以及不论尺度大小的客船，应按下列要求配备一台船载自动识别系统：

（1）在 2002 年 7 月 1 日及以后建造的船舶，建造时配备；

（2）在 2002 年 7 月 1 日之前建造的国际航行船舶：

① 客船不迟于 2003 年 7 月 1 日；

② 液货船不迟于 2003 年 7 月 1 日以后的第一个安全设备检验日；

③ 除客船和液货船外，50 000 总吨及以上的船舶，不迟于 2004 年 7 月 1 日；

④ 除客船和液货船外，300 总吨及以上但小于 50 000 总吨的船舶，不迟于 2004 年 7 月 1 日以后的第一次安全设备检验日或在 2004 年 12 月 31 日之前，以较早者为准。

（3）在 2002 年 7 月 1 日之前建造的非国际航行船舶，不迟于 2008 年 7 月 1 日。

（4）若船舶在（2）和（3）所述实施日期之后两年内永久退役，则经主管机关同意可以免除这些船舶配备 AIS。除国际协议、规范或标准规定要保护航行信息外，设有 AIS 的船舶应使 AIS 始终保持运行状态。

从上述配备要求得知，并非所有船舶都配有 AIS，值班驾驶员应时刻意识到，其他船舶尤其是游艇、渔船和军舰以及一些岸基台站，包括 VTS 中心，可能未配有 AIS。同时，值班驾驶员还应意识到，强制要求装配在其他船舶上的 AIS，在某些情况下，依据船长的专业判断可能会被关闭。

2）AIS 的功能。

AIS 将提高值班驾驶员可使用信息的质量，是船舶导航系统信息来源的一个补充。它的主要功能体现在以下三个方面：

（1）连续向其他船舶和 VTS 站传送船舶自身数据；

（2）连续接收其他船舶和 VTS 站的数据；

（3）显示这种数据。

3）对 AIS 的描述。

（1）如与适当的图形显示设备一起使用，船载 AIS 可根据目标传送的位置信息计算出最近会遇点和最短会遇时间，实现信息快速、自动提供。

（2）AIS 主要是在两个专用的 VHF 频道上工作。在无法使用这个频道的地区，AIS 可借助来自岸基设备的信息自动切换到指定的其他频道上。如当地没有岸基 AIS 或 Al 海区 GMDSS 站，AIS 实行手动切换。

（3）船载 AIS 的信息可自动、连续地发送，并不需要值班驾驶员的干预或确认。AIS 岸站可通过询问某船舶本身或一指定海域有船舶，以获取某一特定船舶的最新信息。但是，岸站不能降低船舶的报告率。

4）船舶发送的 AIS 信息。

（1）船舶发送的 AIS 信息有三种不同类型。

① 系统传输的固定或静态信息。包括：IMO 编码（如有）、船名、船的长度和宽度、船的类型、在船上的定位天线位置。此类信息在设备安装时就被输入到 AIS 中，仅当船舶更名或改型时才需更改。

② 系统传输的动态信息。包括：船位、国际协调时、对地航速、航迹向、航行状态、转向率、横倾角（选用项）和横摆（选用项）。除航行状态信息外，此类信息可自动通过 AIS 的船舶传感器得到更新。

③ 系统传输的与航次相关信息。包括：船舶吃水、危险货物、目的港和预计到达时间、航行计划（选用项）、简明的安全。此类信息可能需要在航行过程中手动录入及更新。

（2）上述数据可按不同的更新速率自主地发送。

动态信息依赖于航速和航向的改变，具体规定如下：

① 锚泊船，通常报告间隔为 3 min；

② 航速为 0 ~ 14 节的船舶，通常报告间隔为 12 s；

③ 航速为 0 ~ 14 节且航向正在改变的船舶，通常报告间隔为 4 s；

④ 航速为 14 ~ 23 节的船舶，通常报告间隔为 6 s；

⑤ 航速为 14 ~ 23 节且航向正在改变的船舶，通常报告间隔为 2 s；

⑥ 航速大于 23 节的船舶，通常报告间隔为 3 s；

⑦ 航速大于 23 节且航向正在改变的船舶，通常报告间隔为 2 s。

静态的和与航次有关的数据每 6 min 发送一次，或按要求发送（AIS 可自动应答而无须使用者采取行动）。

5）AIS 的船上操作。

收发机的操作。

（1）启动。

当船舶在航或锚泊时，AIS 应始终处于工作状态。如船长认为 AIS 的持续工作可能会危及船舶安全或保安，可将 AIS 关闭。这种情况可能会出现在已知有海盗和武装劫匪出没的海域。这种性质的行动连同采取该行动的原因应被一并记入船舶航海日志中。一旦危险消失，船长应立即重新启动 AIS。AIS 关闭时，静态数据和与航行有关的信息仍会被保存下来。打开 AIS 的电源即可将它重新启动。船舶自身的数据将在 2 min 的初始化时间后发送。在港内，AIS 的操作应符合港口的规定。

（2）数据的人工输入。

在开航时和出现变化的任何时候，值班驾驶员应通过键盘之类的输入设备人工输入船舶吃水、危险货物、目的港和 ETA、航线计划（转向点）、正确的航行状态和与安全有关的短信息。

（3）信息的检查。

① 为确保船舶静态信息的正确和最新，任何时候只要有需要，船员都应检查这些数据。至少每个航次或每个月检查一次，取时间较短者。这些数据仅当得到船长授权时方可更改。

② 值班驾驶员还应定期检查下列动态信息：根据 1984 年世界大地测量系统（WGS 84）所得到的船位；对地航速；传感器信息。

③ 启动后，系统自动进行内置完整性测试（BITT）。AIS 出现故障时会发出警报，同时停止信息的发送。

④ 在播发给其他船舶和岸站之前，BITT 电路不会检查输入 AIS 的船舶传感器数据的质量或精度。因此，船舶在航行过程中应定期进行常规检查以保证所发送信息的准确性。在沿岸水域应增加检查的频率。

（4）AIS 数据显示。

AIS 的数据可在最小显示或任何合适的显示设备上显示。

2. 自动闯入探测装置

自动闯入探测装置是指能自动感知危险情况发生的设备，它通常是安装在船上所需要防范的场所内（即船上的限制性区域内），主要由传感器和前置信号处理器组成，其核心部分是传感器。在船上，如使用自动闯入探测装置，该装置应能在不断有人职守或监控的位置启动声响和／或视觉警报。自动闯入探测装置一般可按工作方式、传感器种类、信号传输方式、应用场合、用途等划分为许多种类。以下主要介绍两种入侵探测装置。

1）被动红外入侵探测装置。

被动红外入侵探测装置是指当被探测目标侵入并在所防范的区域空间内移动时，引起该区域红外辐射的变化，能够感知这个红外辐射的变化并进入报警状态的装置。

（1）特点。

① 隐蔽性好，不易被入侵者察觉。

② 不用照明，昼夜可以使用。

③ 不发射能量，没有易磨损的活动部件，因而仪器功率低，结构牢固，使用寿命长。

（2）使用注意事项。

① 防范区域内的背景要求是静止的物体，如墙、被监控的物体本身等，因此，该装置最好安装在货舱、船员舱室等室内。

② 该装置的正前方不应有温度易发生变化的物体，如暖气、冷冻设备的散热器等，也应避开空气调节孔及管道。较强的气流变化容易引起误报警。

③ 因红外辐射的穿透性能较差，所以该探测装置的前方不应有障碍物，否则会造成“死区”，引起漏报警。

④ 该探测装置安装时不应正对着外部窗户，避免受到阳光或强反射光的照射，引起误报警。

⑤ 该探测装置应安装在不易振动的物体上。如果安装物体振动也就导致探测装置的振动，相当于背景辐射发生变化，会引起误报警。

2）主动红外入侵探测装置。

主动红外入侵探测装置是指当入侵者进入所防范的警戒区时，遮挡红外发射机和接收机之间的红外光束，能对红外光束被遮挡响应，并进入报警状态的装置。

（1）特点。

① 组成警戒线的光束在红外波段内，处于不可见范围，便于隐蔽。

② 该探测装置采用调制光技术，其抗杂散光的干扰能力强。

③ 稳定性好。

（2）使用注意事项。

① 在该探测装置的防范区域内，不得有障碍物。

② 在室外使用该探测装置时，必须注意清除防范区域内的干扰物。

③ 由于受天气情况的影响，在室外使用该探测装置时，其控制距离将会缩短。

④ 必须经常检查镜头并消除镜头面上的灰尘或污垢。因为它们会影响探测装置的控制距离。

⑤ 为保证该探测装置能在室外更好地工作，不受太阳光的辐射的影响，可采用截止滤光片，滤去杂散背景光中的极大部分能量，以使接收机的光电传感器在各种室外光照条件下的使用条件基本相似，确保工作正常。

三、电视监控系统

电视监控系统是以获取防范目标的图像信息为手段的一种技术防范措施。船用CCTV监控系统是船舶普遍采用的保安设备。

在船舶上使用该系统可与入侵探测装置联合使用。通常可将电视监控系统中必须使用的摄像机安装在两翼甲板，通过摄像机将被监视现场的图像信息及时传送到驾驶台的保安中心，船舶保密员通过监视器就可看到防范区域的活动情况，同时可以通过录像设备记录下来，作为日后处理某些事件的依据。

四、防爆保安检查设备

防爆保安检查设备是一类用来对各种爆炸装置、枪支、弹药、武器等危险、违禁物品进行探测的技术装置。它主要包括以下三类。

1. 金属探测器

金属探测器是由战场上使用的探雷器发展而来的，是专门用于探测含有金属部件的危险物品的仪器。它主要包括通道式金属测器、探雷器、手持式金属探测器等。

2. X 射线透视设备

X 射线透视设备是一种利用 X 射线这种看不见、摸不着的电磁波，透过货物包装显现内部物品的结构图像，并通过荧光屏直接进行观察、分析，无须拆包就能把藏匿在行李、货物及各类邮件中的危险违禁物品检查出来的装置。

3. 炸弹探测设备

炸弹探测设备是一种专门用于探测爆炸物的装置。

第三节 船岸联系系统

一、进港前保安信息报告

为了避免对船舶采取控制措施或步骤，缔约国政府可以要求拟进入其港口的船舶在进港之前向该缔约国政府正式授权的官员提供以下信息：

（1）本轮具有的有效的保安证书及证书签发机关名称；

（2）本轮当前营运所处的保安等级；

（3）在本轮所停靠曾进行船/港界面活动的前十个港口设施的保安等级；

（4）在本轮所停靠曾进行船/港界面活动的前十个港口设施所采取的任何特别或附加保安措施；

（5）在本轮所停靠的前十个港口设施期间内，任何船对船活动中维持的适当的船舶保安程序；

（6）与保安有关的其他实际信息（但非船舶保安计划的细节）；

（7）《连续概要记录》中包含的信息；

（8）报告时的船位；

（9）预计抵港时间；

（10）船员名单；

（11）船上货物的一般说明；

（12）谁负责指派船员或当前以本轮业务方面的任何职能在船上受雇或其他人员；

（13）谁负责决定本轮的使用；

（14）如果本轮按租船合同的条款受雇，谁是租船合同的各方。

二、信息说明

1）进港前报告中要求船舶提供的最近 10 个港口设施时采取的特殊或附加措施的记录包括但不限于：

（1）在挂靠一个非缔约国境内的港口设施期间所采取措施的记录，特别是那些通常由缔约国境内的港口设施提供的措施。

（2）与港口设施或其他船舶签署的任何《保安声明》。

2）进港报告中要求船舶提供的在最近 10 次挂靠港口设施期间进行的船对船活动时均维持了适当的保安程序。通常不要求包括引航员、海关人员、移民局人员或保安官员从交通艇登离船的记录，也不包括船舶在港口设施中的燃油操作、驳运操作、装载物料和卸载垃圾的记录，因为这些活动通常在《港口设施保安计划》的负责范围之内。可能提交信息的实例包括：

（1）在与悬挂非缔约国船旗的船舶进行船到船活动时所采取措施的记录，特别是那些通常由悬挂缔约国船旗的船舶提供的措施；

（2）在与悬挂缔约国船旗但不要求符合《SOLAS》公约第 XI-2 章和 ISPS 规则规定的船舶进行船到船活动时所采取措施的记录，例如根据其他规定为该船签发的任何保安证书的复印件；

（3）如果船上有从海上搭救起来的人员或捞起的货物，关于此种人员或货物的所有已知信息，包括其身份（如果知道的话）以及为确立其保安状况代表船舶进行的任何核查的结果。《SOLAS》公约第 XI-2 章或 ISPS 规则的初衷并非延误或阻止将海上遇难人员送至安全地点。《SOLAS》公约第 XI-2 章或 ISPS 规则的唯一出发点是向国家提供足够的适当信息以维护其保安的完整性。

三、协调船/港保安等级

缔约国政府应向悬挂其船旗的船舶提供关于在海上减少保安风险的适当措施方面的一般性指导。在下述情况中，它们应针对依照保安等级 1 至 3 所采取的措施提出具体建议：

1）当船舶在海上时，适用船舶的保安等级发生了变化，例如由于船舶营运所在的地理区域或出于船舶本身的原因使保安等级发生变化；

2）船舶在海上发生了保安事件或出现了涉及该船舶的保安威胁。

缔约国政府应为此目的确立最佳的办法和程序。如果出现迫在眉睫的攻击，船舶应试图与船旗国负责对保安事件做出反应的机构建立直接通信联系。

当船舶保安等级高于其靠泊港口设施的保安等级时，按照以下程序和措施实施：

（1）公司保安员或船舶保安员立即通知港口设施保安员本船保安等级；

（2）公司保安员或船舶保安员会同港口设施保安员对该情况进行评估，商定该船舶相应的保安措施，制定和签署保安声明；

（3）船舶保安员负责实施相应的保安措施并与港口设施保安员保持联系。

当船舶保安等级低于其靠泊港口设施的保安等级时，应立即提高船舶的保安等级，并采取相应的附加或特殊措施。如果船舶在实施附加或特殊保安措施时有困难，船舶保安员应通知港口设施保安员协商解决，并将有关情况报公司保安员或有关当局。

四、提供联络点

缔约国政府还应建立为所有下述船舶提供保安建议的联络点：

1）悬挂其船旗的船舶；

2）在其领海航行或已向其通报进入领海意图的船舶。

缔约国政府应考虑设立中央或地区联络点，或采取其他方法提供有关已落实的PFSP最新的地点资料以及与有关PFSO联络的细节，应公布这些联络点。如果港口未设 PFSP（故亦无 PFSO），中央或地区联络点应能确定一名岸上适任人员来安排相应的保安措施。如需要，这些措施可用于船舶的整个靠泊期间。

缔约国政府应向在其领海航行或已通报了进入其领海意图的船舶提供建议，其中包括：

（1）建议改变或推迟其预定的通过航行；

（2）建议按特定航线航行或驶往一个具体地点；

（3）告知能够派送到船上的任何人员或设备；

（4）建议协调通过、抵港和离港，允许由巡逻艇或飞机护航（固定翼飞机或直升机）。

缔约国政府应提醒在其领海航行或已通报了进入其领海意图的船舶注意其所公布的任何临时限制区域。

缔约国应建议在其领海航行或已通报了进入其领海意图的船舶，为了保护船舶和附近的其他船舶，迅速实施缔约国可能已建议的任何保安措施。缔约国出于第4.22段的目的而准备的计划应包括缔约国政府（包括主管机关）内一个全天候工作的适当联络点的信息。这些计划还应包括关于主管机关认为在何种情况下应从沿岸国寻求援助，以及港口设施保安员与船舶保安员之间联络程序方面的信息。

参考资料

一、船舶保安培训参考英汉对照术语及词汇

ISPS Code （International Ship and Port Facility Security Code）
国际船舶和港口设施保安规则

IMO（International Maritime Organization） 国际海事组织

IMO Number IMO 编号

STCW（International Convention on Standards of Training， Certification and Watch keeping for Seafarers） 海员培训、发证和值班标准国际公约

《SOLAS》（International Convention for the Safety of Life at Sea）
国际海上人命安全公约

RSO（Recognized Security Organization） 授权认可的保安组织

CSO（Company Security Officer） 公司保安员

SSO（Ship Security Officer） 船舶保安员

SSP（Ship Security Plan） 船舶保安计划

NOA（Notice of Arrival） 抵港通知

CSR（Continuous Synopsis Record） 连续概要记录

SSA（Ship Security Assessments） 船舶保安评估

PFSO（Port Facility Security Officer） 港口设施保安员

DOS（Declaration of Security） 保安声明

ISSC（International Ship Security Certification） 国际船舶保安证书

Interim International Ship Security Certificate 临时国际船舶保安证书

CSI（Container Security Initiative） 集装箱安全倡议

SSAS（Ship Security Alert System） 船舶保安报警系统

Security level（s） for the ship 船舶保安等级

Security level（s） for the port facility 港口设施保安等级

Port of Registry 船籍港

Contracting governments （the allied government） 缔约国政府

Regular checking 定期检查

Designated Authority 指定当局

Unlawful act	非法行为
Pirate	海盗
Security risk	保安风险
Security threat	保安威胁
Security Protective measures	保安措施
Security accidents	保安事件
Security staff	保安人员
Security circumstances	保安状况
Contact Points	联络点
Relevant authority	有关当局
Crew List	船员名单
Wireless communication	无线电通信
Communication systems	通信系统
Ship/Port interface activities	船舶/港口设施界面活动
Ship-to-Ship interface activities	船舶/船舶界面活动
Monitoring of the ship security	船舶保安监控
Suspicious stores	可疑物料
Master Keys	万能钥匙
Restricted areas	限制区域
RESTRICTED AREAS，AUTHORIZED PERSONNEL ONLY	限制区域，未经许可不得入内
The bridge/Communication room	驾驶室/通信室
Engine room/Engine watch room	机舱/机舱值班室
Rear steering flat	舵机间
CO_2 room and control rooms for CO_2	二氧化碳室及二氧化碳控制室
Galley	厨房
Mess-room	船员餐厅
Crew cabin	船员住室
Cargo hold	货舱
Cargo crane control room	起货机控制室
Drinking water Tank	饮用水舱
Emergency fire pump room	应急消防泵间
Ventilation/Air conditioning room	风机室/空调机间
Battery room	电瓶间
Paint room	油漆间
Ship’s stores	物料间

Commutation room/Elec. control room 变流机室/电控室

Elec. station 电站

The temporary passes 临时登轮证

Gangway control 舷梯口控制

BMP （Best Management Practies for Against Somalia Based Pracy）预防索马里基地海盗《最佳管理措施》

二、Z07 思考练习题

1. 判断题

1 通常由船长负责监督指定船舶的 SSP 实施和保持情况。(   )

A. 对　　B. 错

2 在一段时间内保安事件可能或即将发生时,船舶应采取保安等级 2 规定的特定防范性保安措施。(   )

A. 对　　B. 错

3 船用公共广播系统仅可用于一般信息的广播扩印,在紧急情况下无法发送报警信息。(   )

A. 对　　B. 错

4 当处于保安等级 3 时，船舶应停止装卸货物。(   )

A. 对　　B. 错

5 SSO 应确保为船上人员提供合适的保安培训。(   )

A. 对　　B. 错

6 无论船长是否担任船舶保安员职务，其都应对船舶保安负责。(   )

A. 对　　B. 错

7 安理会第 1816 决议授权任何其他国家可以进入索马里领海，以制止海盗及海上武装劫持行为的规定，同样适用于进入其他有海盗事件发生国家的领海。(   )

A. 对　　B. 错

8 手提对讲机用作保安通信时，应注意信息的保密并设置保密频道。(   )

A. 对　　B. 错

9 没有指定保安职责的海员，在其职业生涯中应至少完成两次 STCW 公约第 A-VI/6 节规定的保安意识培训或训练。(   )

A. 对　　B. 错

10 进入船舶并设法藏匿于船上某处的偷渡人员，只要没有政治目的，就不应将其视为对船舶保安构成威胁。(   )

A. 对　　B. 错

11 小股海盗会杀害船员并劫持船舶，属于比较危险的类型。(   )

A. 对　　B. 错

12 如果有关的海员或船上人员满足了与保安有关的熟悉要求，并参加了 ISPS 规则要求的演习和练习，则没有必要对这项培训进行更新或再有效。(   )

A. 对　　B. 错

13 公司保安员应与船上人员以及相关 PFSO 协调货物和船舶备品装卸中的保安事项。(   )

A. 对　　　　B. 错

14 缔约国政府应为每一艘在公海上航行的船舶规定保安等级，并确保向他们提供保安等级方面的信息。(　　)

A. 对　　　　B. 错

15 航行于索马里及亚丁湾水域的船舶，必须强制使用私人雇佣合同制的武装人员。(　　)

A. 对　　　　B. 错

16 船用内部电话对船舶内部有效，保密性好，可在船上任何地方使用，灵活性好。(　　)

A. 对　　　　B. 错

17 一般从事国际航行的大型集装箱货船，与另一艘仅从事国内运输的内河驳船在港内进行集装箱过驳作业，船舶可视具体情况决定是否提交并签署保安声明。(　　)

A. 对　　　　B. 错

18 如果船舶按其船旗国主管机关要求所处于的保安等级高于其拟进入或所在港口的保安等级，船舶应立即将此情况通知船旗国主管机关。(　　)

A. 对　　　　B. 错

19 小股海盗的攻击大都发生在内海甚至海岸线附近。(　　)

A. 对　　　　B. 错

20 SSO 应向公司报告保安事件。(　　)

A. 对　　　　B. 错

21 偷渡人员藏匿于集装箱内偷渡是惯用的方法。(　　)

A. 对　　　　B. 错

2. 选择题

1 《调查海盗和武装劫持船舶罪行实用规则》明确了____与____定义，并将此两种行为都列入统计海盗案件的数字中。

A. 海盗行为；武装劫持船舶

B. 公敌行为；海盗行为

C. 公敌行为；武装劫持船舶

2 ____是船舶保安现场应急总指挥，负责向公司保安员报告和对外联系。

A. 船长　　　　B. 政委　　　　C. 船舶保安员

3 未经授权的登船方式主要有____。

① 常用船舶通道

② 伪造身份证明文件

③ 冒充官员

A. ①②　　　　B. ②③　　　　C. ①②③

4 负有指定保安职责的海员是指依据____,被指定负有明确的保安职责和责任的海员。

A. SSP　　B. SSA　　C. DOS

5 公司应根据所经营管理的船舶____和____任命公司保安员,并明确其所负责的船舶。

A. 数量；吨位　　B. 数量；类型　　C. 类型；吨位

6 沿海国政府在防海盗及武装劫持船舶方面的责任包括____。

① 应建立一套船舶遭遇海盗攻击事件时的指挥命令系统及运作反应程序

② 应及时搜集整理海盗袭船案件的信息与资料并通知相关单位

③ 在有海盗和武装劫匪出没水域，负有以良好船艺采取防范措施的最终责任

A. ①③　　B. ①②　　C. ①②③

7 一旦海盗登船，机智灵活地予以处置应以确保____和____为原则。

A. 船舶安全；控制损失

B. 船舶安全；船员安全

C. 船员人命安全；减少损失

8 ____是指为确保采取旨在保护港口设施和港口设施内的船舶、人员、货物、货物运输单元和船上物料免受保安事件威胁的措施而制订的计划。

A. SSA　　B. SSP　　C. PFSP

9 根据 ISPS 规则，以下哪些是缔约国政府的责任？____。

① 规定保安等级

② 确定一个指定当局

③ 设立中央或地区联络点

④ 指定港口设施保安员

A. ①②④　　B. ①③④　　C. ①②③

10 一旦数名武装海盗已经上船，船员____。

① 不要直接与持枪海盗抗衡

② 应迅速撤离甲板进入生活区

③ 封闭所有通道

④ 尽量拖延时间，以待外部的可能救援

A. ①②③　　B. ①②③④　　C. ②③

11 船舶保安敏感信息是指有关船舶保安方面的重要信息，一旦泄露或丢失将对船舶构成重大____。

A. 船舶事件　　B. 保安危害　　C. 保安威胁

12 船舶防范海盗要坚持在确保____安全的前提下实施行动。

A. 船员　　B. 船舶　　C. 货物

13 如果袭击者已经控制驾驶台、机舱或劫持船员，或者可能对船舶的安全造成

严重威胁，船长和值班驾驶员应当保持镇静，____抵抗。

A.尽可能　　B. 尽力　　C. 不要

14 船舶、公司内部人员对保安敏感信息的了解程度通常由____决定。

① 公司保安员　② 船舶保安员　③ 船长

A. ①②　　B. ①③　　C. ①②③

15 船舶发生保安事件，____通知所有涉及的人员撤离相关区域。

A. 船长　　B. 船舶保安员　　C. 值班驾驶员

16 防范海盗措施的制订应首先考虑遭遇海盗劫持时确保____的安全。

A. 人员　　B. 船舶　　C. 货物

17 ISPS 规则不适用于____。

A. 从事国际航行的高速客船

B. 移动式海上钻井平台

C. 军舰和海军辅助船

18 ____应为其领土内的港口设施和进入其港口前的船舶或在其港口内的船舶规定保安等级并确保向它们提供保安等级方面的信息。

A. 缔约国政府　　B. 指定当局　　C. 主管机关

19 根据 ISPS 规则的规定，船公司应为公司指定____公司保安员。

A. 一名　　B. 一名或数名　　C. 两名

20 ____应向有权登船或进入港口设施履行其官方职责的政府官员签发相应的身份证件，并设立可能对这些证件的真实性进行核实的程序。

A. RSO　　B. 缔约国政府　　C. 指定当局

21 船长依据其职业判断而做出或执行的为维护船舶安全或保安所必需的决定，应不受____的限制。

A. 公司　　B. 承租人　　C. 任何其他人员

22 缔约国政府可授权____代表主管机关批准船舶保安计划或其修订。

A. 指定当局　　B. 船舶检验局　　C. 经认可的保安组织

23 在公司保安员的职责中，____是不正确的。

A. 确保船舶保安评估得以开展

B. 确保船舶保安计划得以实施和维持

C. 确定船舶的保安等级

24 ____是无指定保安职责海员的基本职责。

A. 熟悉船舶保安计划并组织、监督其实施

B. 对船舶可能遇到威胁的等级提出建议

C. 保持足够的警惕性

25 为避开检测，犯罪分子常将枪支武器____携带、传递和交付。

A.分期分批　　B. 集中夹藏　　C. 拆解后分批

26 ____通常是海盗袭击的焦点。

A. 货舱　　B. 船员舱室　　C. 驾驶台

27 以下____不是无指定保安职责海员的基本职责。

A. 学习保安知识并接受培训，增强保安意识

B. 了解规避保安措施的技术

C. 了解船舶在保安方面的规定和要求

28 ____负责安排由主管机关或经认可的保安组织对船舶进行初次审核。

A. 船长　　B. SSO　　C. CSO

29 ISPS 规则不适用于____。

A. 缔约国政府的非营业性公务船

B. 从事国际航行的 500 总吨及以上的货船

C. 服务于国际航行船舶的港口设施

30 海盗船接近本船船旁时，可根据情况____。

① 用消防皮龙水喷射海盗

② 用铁块、石头等进行防御

③ 向其泼洒滑油或油漆

A. ①②③　　B. ①②　　C. ①③

31 ____的行为不属于恐怖主义行为。

A. 船员之间的打架斗殴

B. 以无辜者作为目标，用非正常的暴力手段或以暴力相威胁

C. 伤害无辜者的生命，造成恐怖效果，以达到某种政治或社会要求

32 当船舶发生保安事件或保安状况受到威胁或破坏时，除____外，禁止其他人员上船。

A. 港口国检查官　　B. 公司保安员　　C. 应急反应人员

33 船舶、公司内部人员对保安敏感信息的了解程度通常由____决定。

① 公司保安员　　② 船舶保安员　　③ 船长

A. ①③　　B. ②③　　C. ①②③

34 ____是指未受任何国家及政府授权，擅自航行于海上，以劫掠财物或对人实施暴力行为为目的的人员或组织。

A. 恐怖分子　　B. 海盗　　C. 邪教

35 船舶保安内部报告包括____等。

① 舷梯口值班报告

② 甲板巡逻报告

③ 装卸准备就绪报告

④ 搜查报告和海面监视报告

A. ①②③④　　B. ①②④　　C. ①③④

36 根据《1982年联合国海洋法公约》及有关规定，各国军舰或经授权的国家公务船舶在扣押船舶时，应遵守国际法的准则，遵守有关公约的规定。所扣押的船舶____。

A. 即可能是商船，也可能是军用船舶

B. 只能是商船，不能是军用船舶

C. 只能是军用船舶，而不能是商船

37 ____负责安排船舶保安活动的内部审核和评审。

A. 公司保安员　B. 船舶保安员　C. 船长

38 爆炸物可能被隐藏在____、箱子底部或其他部位以逃避检测。

A. 包装袋　B. 伪装袋　C. 塑料袋

39 恐怖分子通常不具有____的特点。

A. 非常明确的政治目的

B. 非常明确的经济目的

C. 采用非正常的暴力手段

40 值班人员在值班期间发现任何可疑情况均应立即报告船舶保安员或船长，报告内容包括____。

① 发现时间、地点　② 可疑事件类型　③ 危险程度

A. ①②　B. ①③　C. ②③

41 舷梯口值班人员在发现下列____情况时，应立即报告船舶保安员或船长。

① 试图登船者本人与所持身份证件不符

② 试图登船者拒绝出示其身份证件

③ 难以鉴别试图登船者的身份

④ 有人试图携带违禁或可疑物品登船

A. ①②③④　B. ②③④　C. ①②③

42 ____是指企图造成保安事件或发生保安事件的风险级别划分。

A. 保安威胁　B. 保安等级　C. 保安行动

43 当船舶发生保安事件或保安状况受到威胁或破坏时，船员____受事件影响的区域。

A. 禁止进入　B. 限制进入　C. 可以进入

44 根据ISPS规则，哪些是缔约国政府的责任？____。

① 规定保安等级

② 确定一个指定当局

③ 设立中央或地区联络点

④ 指定港口设施保安员

A. ①②④　B. ①③④　C. ①②③

45 沿海国政府在防海盗及武装劫持船舶方面的责任包括____。

① 应建立一套船舶遭遇海盗攻击时的指挥命令系统及运作反应程序

② 应及时搜集整理海盗袭船案件的信息与资料并通知相关单位

③ 在有海盗和武装劫匪出没的水域，负有以良好船艺采取防范措施的最终责任

A. ①③　　B. ①②　　C. ①②③

46 ____是指当保安事件可能或即将发生（尽管可能尚无法确定具体目标）时，应在一段有限时间内保持进一步的特殊性保安措施的等级。

A. 保安等级 1　　B. 保安等级 2　　C. 保安等级 3

47 扣押海盗船舶和飞机，可由____实施。

① 军舰、军用飞机

② 民用商船

③ 有清楚标志可以识别的为政府服务并经授权的船舶或飞机

A. ①②③　　B. ①②　　C. ①③

48 船舶应根据____采取相应的保安措施。

A. 港口的保安等级　　B. 自身的保安等级　　C. 遭遇的保安威胁

49 为了隐蔽，犯罪分子将刀具拆开成刀片和刀柄分别携带。此时应使用____进行检测。

① X 光扫描仪　　② 金属探测器　　③ 爆炸物探测仪。

A. ①②　　B. ②③　　C. ①③

50 船舶发生保安事件，____应向全船人员通告发生的保安事件。

A. 船长　　B. 船舶保安员　　C. 政委

51 ____是反海盗成功的关键。

A. 保持警戒

B. 阻止海盗登船

C. 及早发现和判断海盗迹象

52 缔约国政府可授权____代表主管机关批准船舶保安计划或其修订。

A. 指定当局　　B. 船舶检验局　　C. 经认可的保安组织

53 船长依据其职业判断而做出或执行的为维护船舶安全或保安所必需的决定，应不受____的限制。

① 公司　② 承租人　③ 任何其他人员

A. ①　　B. ①②　　C. ①②③

54 ____不是负有保安职责海员的基本职责。

A. 熟悉本船保安应急计划，明确保安事件发生时的反应程序

B. 熟悉本船保安应变部署，明确自己在不同保安应急时的职责

C. 与船上其他人员以及港口设施保安员协调货物和船舶备品装卸中的保安事项

55 处理保安敏感信息时应遵循____原则。

① 船舶保安敏感信息在任何情况下都不应向其他方披露

② 船舶、公司内部人员对保安敏感信息的了解程度通常由公司保安员、船舶保安员或船长来决定

③ 确保履行自身保安职责，收集可能影响船舶保安的机密信息

④ 发现任何可能的保安威胁或可能影响船舶保安的任何嫌疑，假定它是真实的并毫不迟疑地报告

A. ①②③④　　B. ②③④　　C. ①②③

56 现行公约规定，在____上对另一船舶或飞机，或对另一船舶或飞机上的人或财物从事的任何非法的暴力或扣留行为，或任何掠夺行为属于海盗行为。

A. 公海　　B. 领海　　C. 毗连区

57 根据《1982 年联合国海洋法公约》及有关规定，一国军舰或经授权的国家公务船舶，可扣押____船舶。

A. 船舶从事海盗行为

B. 船舶在航行中航向不稳定

C. 发生碰撞事故

58 ____不是无指定保安职责海员的基本职责。

A. 学习保安知识并接受培训，增强保安意识

B. 了解规避保安措施的技术

C. 了解船舶在保安方面的规定和要求

59 任何时候，船舶的保安等级____其靠泊的港口设施的保安等级。

A. 高于　　B. 不低于　　C. 不高于

60 船舶防范海盗要坚持在确保____安全的前提下实施行动。

A. 船员　　B. 船舶　　C. 货物

61 当遭遇海盗袭击时，船舶应以____海盗为目的，一切行动听指挥。

A. 打死　　B. 驱赶　　C. 逮捕

62 船到船活动，是指涉及物品或人员从一船到另一船转移的任何____的行为。

A. 与锚地、候泊区等区域有关

B. 与港口设施有关

C. 与港口设施不相关

63 ISPS 规则 A 部分是____。

A. 任意性的　　B. 建议性的　　C. 强制性的

64 实施 ISPS 规则的目的是____。

A. 加强海上保安

B. 加强船舶安全生产

C. 加强港口安全生产

65 ____不是无指定保安职责海员的基本职责。

A. 学习保安知识并接受培训，增强保安意识

B. 熟悉本船保安应变部署，明确自己在不同保安应急时的职责

C. 了解船舶在保安方面的规定和要求

66 所有国家应采取措施并尽最大的努力进行合作，以制止在____、在____的任何其他地方的海盗行为。

A. 公海上；任何国家管辖范围以外

B. 领海上；任何国家管辖范围以内

C. 内海上；任何国家管辖范围以内

67 船员在防海盗行动中应遵循____及____的原则，严格履行防海盗岗位职责。

A. 早准备、早发现、早报告、早抗击；预防为主

B. 预防为主；自防自救与他救相结合

C. 早准备、早发现、早报告、早抗击；预防为主、自防自救与他救相结合

68 实践中，大多数航运公司是根据____配备防海盗设备和防护装置。

A. SOLAS 公约的要求

B. BMP 中的建议并结合船舶实际情况

C. 船旗国政府的强制要求

69《最佳管理措施》规定，____是在船舷外侧安装或悬挂的船舶防海盗实物障碍。

A. 掩体　　B. 刀片刺网　　C. 水雾系统

70 负有指定保安职责的海员是指依据____，被指定负有明确的保安职责和责任的海员。

A. SSP　　B. SSA　　C. DOS

71《最佳管理措施》规定，可在驾驶台窗户上安装____，以防船舶遭袭击后玻璃碎片飞溅。

A. 安全玻璃防爆膜　　B. 钢化玻璃　　C. 强化玻璃

72 一旦数名武装海盗已经上船，船员____。

① 不要直接与持枪海盗抗衡

② 应迅速撤离甲板进入生活区

③ 封闭所有通道

④ 尽量拖延时间，以待外部的可能救援

A. ①②③　　B. ①②③④　　C. ②③

73 在船舶操作中，出现适用该船的安全和保安要求之间发生冲突的情况时，应执行为____所必需的要求。

A. 维护保安　　B. 维护安全　　C. 维护保安或维护安全

74　船舶保安计划中应包括为下列____活动在三个保安等级下制订相应的保安措施。

①　船上人员、乘客、访问人员进入船内

②　船上受限区域

③　货物装卸

④　监控船舶保安

A. ①②③④　　B. ①②③　　C. ①②④

三、Z08 思考练习题

1．判断题

1 ISPS 规则 A、B 两部分内容在编排格式上相互对应。(　　)

A. 对　　B. 错

2 船公司应为每艘船舶指定一名或数名船舶保安员。(　　)

A. 对　　B. 错

3 保安声明可以由从事船/港界面活动的任何一方向对方提交并要求对方签署。(　　)

A. 对　　B. 错

4 只有 SSO 可以代表船舶签署并提交保安声明。(　　)

A. 对　　B. 错

5 保安声明只能由船方向港口设施方提交。(　　)

A. 对　　B. 错

6 缔约国政府应确定其领土内港口设施保存保安声明的最低期限。(　　)

A. 对　　B. 错

7 一艘从事国际航行的货船与另一艘无船舶保安计划的 400 总吨的货船在港内进行过驳作业，船长可视具体情况决定是否提交并签署保安声明。(　　)

A. 对　　B. 错

8 STCW 公约马尼拉修正案是第一个提出签发船舶保安员专业证书适任标准的规则。(　　)

A. 对　　B. 错

9 受聘或受雇于海船上承担指定保安职责的海员，在被指派该职责之前，应接受与其职责和责任相关的保安熟悉培训，以获得熟悉保安培训合格证书。(　　)

A. 对　　B. 错

10 负有指定保安职责的海员应有效履行其职责，协助保持 SSP 所设定的状态。(　　)

A. 对　　B. 错

11 船上所有人员都是负有指定保安职责的海员。(　　)

A. 对　　B. 错

12 生物探测法是指利用经专业训练的警犬、鼠类等敏感的嗅觉发现隐藏的炸药，并结合专业知识对可疑物品或装置进行辨识的方法。(　　)

A.对　　B. 错

13 仪器探测法是指利用专门的探测设备，在一定范围内或针对特定的目标，对可疑物品和装置或其内部结构实施检测辨识。(　　)

A. 对　　　　　　　　B. 错

14　紧急情况将对人的心理产生不同程度的影响，甚至造成恐慌，进而使人做出各种非理性行为。(　　)

A. 对　　　　　　　　B. 错

15　客船紧急情况下单纯发出警报信号即告知了旅客该如何行动，无须船员进一步解释与说明。(　　)

A. 对　　　　　　　　B. 错

16　实践证明多数旅客对张贴的告示并不关心，更不会去记报警信号的含义和应急行动。(　　)

A. 对　　　　　　　　B. 错

17　船长和 SSO 均可决定进入船舶通道的是打开还是关闭。(　　)

A. 对　　　　　　　　B. 错

18　船舶在港期间船舶上所有通道均应关闭。(　　)

A. 对　　　　　　　　B. 错

19　船舶在锚泊时，锚链孔也是进入船舶的一个通道，因此应予以控制。(　　)

A. 对　　　　　　　　B. 错

20　梯口值班水手在船舶处于保安等级 2 的情况下，让一名自称是港口设施保安员的人自行去船长的房间与船长商讨船舶在港期间的保安事宜，违反了在保安等级 2 时对进入船舶人员控制方面的规定。(　　)

A. 对　　　　　　　　B. 错

21　在保安等级 3 时，应停止货物装卸、物料收受以及禁止与处理保安事件无关的人员进入船舶。(　　)

A. 对　　　　　　　　B. 错

22　安理会第 1816 号决议授权任何其他国家可以进入索马里领海，以制止海盗及海上武装劫持行为的规定，同样适用于进入其他有海盗事件发生的国家的领海。(　　)

A. 对　　　　　　　　B. 错

23　航行于索马里及亚丁湾水域的船舶，必须强制使用私人雇佣合同制武装安保人员。(　　)

A. 对　　　　　　　　B. 错

24　船舶保安警报系统应能够从驾驶台和至少一个其他位置启动。(　　)

A. 对　　　　　　　　B. 错

25　船舶保安警报系统启动点应设在驾驶台和其他一个明显的位置，以便一旦发生保安事件，船员可以立即报警。(　　)

A. 对　　　　　　　　B. 错

2. 选择题

1 指定当局是指在缔约国政府内所确定的负责从____的角度确保实施 SOLAS 公约第 XI-2 章涉及港口设施保安和船/港界面活动规定的机构或行政机关。

A. 港口设施　　B. 船到船活动　　C. 保安操作

2 ____是指经授权开展 SOLAS 公约第 XI-2 章 ISPS 规则 A 部分所要求的评估、核验、批准或发证活动的具备适当保安专长并具备适当船舶和港口操作方面知识的组织。

A. 指定当局　　B. 经认可的保安组织　　C. 主管机关

3 SOLAS 公约第 XI-2 章不适用于下列哪些船舶？____。

① 军舰

② 海军辅助船

③ 缔约国政府拥有或经营并仅用于政府非商业性服务的其他船舶

④ 移动式海上钻井装置

A. ①②③　　B. ②③④　　C. ①②④

4 “9·11”恐怖袭击后，美国积极推动和倡导航运界采取措施进行海上反恐，先后通过了____，以强化海上保安机制。

① 2001 年港口和海事安全法案

② 国际船舶与港口设施保安规则

③ 2002 年海上运输反恐法案

④ 船舶识别号规则

A. ①②　　B. ①④　　C. ①③

5 ____是指为确保采取旨在保护港口设施和港口设施内的船舶、人员、货物、货物单元和船上物料免受保安事件威胁的措施而制订的计划。

A. PFSP　　B. SSP　　C. CSP

6 ____是指负责确保船舶保安评估得以开展,船舶保安计划得以制订、提交批准、而后得以实施和维持的人。

A. SSO　　B. CSO　　C. FSO

7 ISPS 规则适用于下列哪些从事国际航行的船舶？____。

① 高速客船

② 500 总吨及以上的货船

③ 军舰和海军辅助船

④ 移动式海上钻井装置

A. ①②③　　B. ①②③④　　C. ①②④

8 根据 ISPS 规则 A 部分，缔约国政府在规定适当的保安等级时，应考虑以下哪些因素：____。

① 威胁信息的可靠程度

② 船舶现有的保安设备

③ 威胁信息的紧迫程度

④ 保安事件的潜在后果

A. ①②③　　B. ①②④　　C. ①③④

9 缔约国政府可授权给经认可的保安组织的职责包括____。

① 代表主管机关批准船舶保安计划或其修订

② 确定须指定港口设施保安员的港口设施

③ 按缔约国政府要求进行港口设施保安评估

④ 代表主管机关对符合 SOLAS 公约第 XI-2 章和 ISPS 规则 A 部分要求的船舶进行检验、发证

A. ①②③　　B. ①②③④　　C. ①③④

10 根据 ISPS 规则，____不是缔约国政府的责任。

A. 规定保安等级

B. 设立中央或地区联络点

C. 指定港口设施保安员

11 如果依船长的职业判断，在船舶操作中出现适用该船的安全和保安要求发生冲突的情况，船长应采取____保安措施。

A. 特殊保护性　　B. 临时性　　C. 附加保护性

12 船长根据其职业判断而做出的为维护船舶安全或保安所必需的决定，包括____。

① 拒绝缔约国政府正式授权的人员或其物品上船

② 拒绝装货

③ 拒绝货应商上船

④ 拒绝集装箱或其他封闭的货运单元装船

A. ①②③　　B. ①③　　C. ②③④

13 如果依船长的职业判断，在船舶操作中出现适用于该船的安全和保安要求发生冲突的情况，船长应通知____。

① 主管机关

② 视情况通知该船所在港口的缔约国

③ 视情况通知该船准备进入之港口的缔约国

④ 船舶供应商

A. ①②③　　B. ①③④　　C. ②③④

14 ____不是船舶保安体系的组成部分。

A. 保安评估　　B. 保安措施　　C. 保安等级

15 船舶保安体系应具备____功能。

① 完善的船舶保安计划
② 合理的保安威胁搜集与风险评估方法
③ 有明确的船舶安全管理方针和目标
④ 明确的保安培训、演练和报告程序

A. ①②③　　B. ①②④　　C. ①③④

16 ____确保船舶保安计划按照 ISPS 规则的要求制订，并在批准后加以实施和保管。

A. CSO　　B. SSO　　C. 船长

17 ____确保保安要求和安全要求的一致性。

A. 船长　　B. CSO　　C. SSO

18 ____不是 SSO 的职责。

A. 报告保安事件
B. 确保适当的保安措施得以保持
C. 制订并修改船舶保安计划

19 根据 ISPS 规则，下列有关船舶保安员的叙述中，____的叙述是错误的。

A. 船舶保安员由公司任命，负责船舶保安并对船长负责
B. 船舶保安员负责船舶保安计划的实施和开展
C. 船舶保安员负责船舶保安评估的开展和船舶保安计划的批准

20 以下叙述错误的是____。

A. 船舶保安员可以是专职，也可以是兼职
B. 船舶保安员对船舶保安负有最终责任
C. 船舶保安员必须具备涉及船舶保安所有知识并接受相应的培训

21 有关微型手枪的陈述不正确的是____。

A. 体积小，携带方便
B. X 射线检查很容易发现拆解成零部件的微型手枪
C. 检查时难以发现

22 以下有关水下攻击的陈述不正确的是____。

A. 水下攻击通常是采用特定的军事设备进行
B. 水下攻击可能是由潜水员在船底板上植入爆炸物，然后引爆的
C. 水下攻击发生的概率很低，民用商船完全可以排除其发生的可能性

23 为防止伪造身份证件，有必要采用____形式。

① 数据条形码　② 水印　③ 单纯地使用加塑封

A. ①　　B. ①或③　　C. ③

24 以下有关自杀式袭击的陈述错误的是____。

A. 自杀式袭击是指袭击者在伤害自己的同时伤害目标者
B. 自杀式袭击是在武力不平衡的情况下，强者对抗弱者的不对称打击手段之一

C. 自杀式袭击是恐怖分子进行恐怖活动的主要方式之一

25 ____不属于典型的船舶保安威胁。

A. 从水上、水下或码头接近船舶，安放爆炸物

B. 劫持船舶、货物，杀害船员、旅客

C. 在船上赌博

26 识别恐怖分子时，可以参考以下____特点。

① 单独行动的人或一群同性别的人

② 任何时候面部表情都很平静

③ 令人怀疑、飘忽不定的眼神

A. ①②③　　B. ①②　　C. ①③

27 爆炸装置通常由____组成。

① 包装物　② 炸药　③ 计时装置　④ 起爆系统

A. ①②③④　　B. ②③④　　C. ①②④

28 按武器的____可将武器分为轻武器、导弹、火炮、军用飞机、坦克与装甲车、舰船、警用武器、生化武器及核武器等。

A. 性质　　B. 用途　　C. 特点

29 危险物质主要具有____性能。

① 爆炸性　② 腐蚀性、放射性　③ 改为安全性、明显性

A. ①②　　B. ①③　　C. ②③

30 在识别可疑物品时，应遵循____程序。

① 先询问、后观察、再动手

② 先使用探测仪，后利用人工方法

③ 先外表检查，后内部探测

④ 先远距离探测，后近距离辨认

A. ①②③④　　B. ②③④　　C. ①③④

31 船上发现可疑物品或装置时，船舶应遵循____原则。

① 不要移动、触摸、摆弄或采取任何方法干扰

② 打开防火门，保持空气流通

③ 不要向可疑物品泼水或抛投任何其他物品

④ 不要在可疑物品附近使用无线电装置

A. ①②③④　　B. ②③④　　C. ①③④

32 船舶保安外部通信主要指船舶与港口设施保安员、公司保安员以及保安联络点的通信和交流，包括____。

① 正常保安信息交流　② 保安事件报告　③ 保安威胁报告

A. ①②　　B. ①③　　C. ①②③

33 船舶保安内部报告包括____等。

① 舷梯口值班报告

② 甲板巡逻报告

③ 装卸准备就绪报告

④ 搜查报告和海面监视报告

A. ①②③④　　B. ①②④　　C. ①③④

34 船舶保安敏感信息是指有关船舶保安方面的重要信息，一旦泄露或丢失将对船舶构成重大____。

A. 船舶事件　　B. 保安危害　　C. 保安威胁

35 处理保安敏感信息应遵循____原则。

① 船舶保安敏感信息任何情况下都不应向其他方披露

② 船舶、公司内部人员对保安敏感信息的了解程度通常由公司保安员、船舶保安员或船长来决定

③ 确保履行自身保安职责，收集可能影响船舶保安的机密信息

④ 发现任何可能的保安威胁或可能影响船舶保安的任何嫌疑,假定它是真实的毫不迟疑地报告

A. ①②③④　　B. ②③④　　C. ①②③

36 不同类型、航运环境下，船舶保安敏感信息不尽相同，通常包括____。

① 船舶保安计划

② 船舶保安设备

③ 普通船舶物料信息

④ 船舶保安薄弱点

A. ①②③④　　B. ①②④　　C. ①③④

37 ____属于侵犯性检查方法。

A. 证件检查

B. 磁性探测器近身检查

C. 搜身

38 搜身的顺序为____。

A. 从上到下、从前至后

B. 从下到上、从前至后

C. 从上到下、从后至前

39 检查证件时，应注意____事项。

① 边查边问

② 保持安全距离，注意安全防范

③ 观察证件照片与本人的相符程度

④ 始终注意持证人的反应

A. ①②③④　　B. ②③④　　C. ①③④

40　船舶发生保安事件，____船舶可要求公司保安员将保安报告转交有关当局。

A. 任何情况下

B. 船舶保安员受伤时

C. 如无法与有关联络点联系时

41　发生与船舶有关的保安事件，船舶应立即向公司保安员和____的联络点提交一份报告。

① 船旗国　② 港口国　③ 沿岸国　④ 缔约国

A. ①②③④　　B. ①②③　　C. ①②

42　如果船舶牵扯到一起保安事件，____必须在 24 h 内向公司保安员报告。

① 船长　② 船舶保安员　③ 政委　④ 值班驾驶员

A. ①②③④　　B. ①②③　　C. ①②

43　当保安事件得到控制、稳定后，船舶保安员应写出保安事件____报公司保安员。

① 发生原因、经过　② 损失情况　③ 实施的有效措施

A. ①③　　B. ①②③　　C. ①②

44　在船舶保安活动内部审核中，通常通过面试检查船员是否熟悉本船舶保安计划中规定的本人应承担的保安职责，其中船长和船舶保安员为必查，其他船员的检查可通过抽查方式进行，抽查范围不少于在船人员总数的____，且其中必须包含至少____名应急小组成员。

A. 25%；1　　B. 20%；1　　C. 25%；2

45　船舶保安员应在不超过____个月的时间间隔内对船舶保安计划的实施和执行情况进行一次评审，以评估本计划的持续有效性，以及是否需要进行必要的修改。

A. 6　　B. 18　　C. 12

46　____是指为确保在船上采取旨在保护船上人员、货物、货物运输单元、船舶物料以及船舶免受保安事件威胁的措施而制订的计划。

A. SSA　　B. SSP　　C. CSP

47　在____情况下，应进行船舶保安检查。

① 公司保安员要求实施对本船的保安评估，以修订船舶保安计划

② 船舶即将航行于保安风险较大的水域，船长或船舶保安员认为必要时

③ 每半年定期进行

A. ①③　　B. ①②③　　C. ①②

48　为确保船舶保安计划的有效实施，应考虑到____等因素，按适当的间隔期开展演习和演练。

① 船舶类型　② 船上人员的变动　③ 所停靠的港口设施和其他相关情况

A. ①②　　B. ①③　　C. ①②③

49　如果在任一时间有 25%的船舶人员被换成了在前 3 个月内未曾参加过该船的

任何演练的人员，应在变动后____周内进行演练。

A. 1　　B. 2　　C. 4

50　船舶保安演练应该至少每____月进行一次。

A. 1　　B. 2　　C. 3

51　当船舶的保安状况受到严重威胁和破坏时，确认已危及人员的生命安全，____决定撤离的时机。

① 公司保安员　② 船长　③ 船舶保安员　④ 政委

A. ①②③④　　B. ①②③　　C. ①②

52　搜索人员如果发现可疑物件或包裹，首先应采取的措施是____。

A. 保护好现场，不要移动、触摸、摆弄可疑物件

B. 迅速把可疑物件移至安全地点

C. 用沙袋遮盖可疑物

53　船舶发现偷渡人员时的应急反应程序包括____。

① 对偷渡者进行查问，初步确认其身份、潜船途径及有无同伙等情况

② 对偷渡者采用捆绑等强制性安全措施

③ 改变航线，将偷渡者送回其登船地

④ 组织人员对全船进行彻底检查

A. ①④　　B. ①②④　　C. ①③④

54　船舶发现毒品时的应急反应程序包括____。

① 对现场进行多方位、多角度拍照，并封存毒品

② 在封存毒品时，通过观察、触摸毒品包装上的痕迹以判断毒品的种类

③ 船舶应尽可能封闭现场，如不能封闭，可将毒品移至安全地点保存

④ 组织人员对全船进行彻底检查，向公司保安员报告发现毒品的时间、地点等。

A. ①④　　B. ①②④　　C. ①③④

55　船舶在进入缔约国港口之前，如果港口保安等级为 3，而船舶保安等级为 2 时，船舶应____。

A. 保持原有保安等级

B. 立即提高至保安等级 3

C. 发布保安声明

56　有关保安等级改变陈述正确的是____。

A. 必须按照从等级 1 改变至等级 2 再至保安等级 3 的顺序改变

B. 既可按照从等级 1 改变至等级 2 再至保安等级 3 的顺序改变，也可从等级 1 直接改变至等级 3

C. 必须从等级 3 改变为等级 2

57　进入某国领海或在某国领海营运的船舶的保安等级应由____规定。

A. 船旗国主管机关

B. 该国经认可的保安组织

C. 该缔约国政府

58 船舶在进入缔约国境内的港口之前，如果主管机关为其规定的保安等级高于缔约国规定的保安等级，船舶应____。

A. 降低船舶的保安等级

B. 降低船舶的保安措施

C. 与港口设施保安员联络，以协调适当的保安行动

59 船上所有的钥匙由____管理和记录。

A. 船长　　B. 大副　　C. 船舶保安员

60 所有可以加锁的限制区域均应加锁保护，只有____才配有钥匙。

A. 船长　　B. 船舶保安员　　C. 经许可进入的人员

61 对钥匙丢失或失窃负有责任的人在____小时内提交一份陈述丢失或失窃情况的书面报告。

A. 24　　B. 12　　C. 8

62 保安等级 3 时，进入船舶采取____保安措施是不妥的。

A. 停止上下人员、装卸货物、交付物料

B. 只向负责应对保安事件或威胁的人员开放通道

C. 安排人员在肃静之时进行甲板巡逻以防止有人员擅自登船

63 保安等级 1 时，进入船舶应采取的保安措施包括____。

① 检查所有登船人员的身份证明

② 将上船与下船人员隔离

③ 只开放一个受控通道

④ 使用锁闭等办法关闭通往紧邻乘客和来访者区域的无人处所

A. ①②③④　　B. ①②④　　C. ①③④

64 船舶的监控能力可能包括采用____。

① 照明　② 甲板值班　③ 巡逻　④ 自动闯入探测设备

A. ①②③④　　B. ①②③　　C. ①③④

65 在夜间或能见度低的情况下，当进行____作业时，应确保对船舶甲板和船舶进入通道给予必要的照明。

① 船/港界面活动　② 靠泊　③ 船/船界面活动　④ 抛锚

A. ①②③④　　B. ①②④　　C. ①②③

66 船舶应具备监控____的能力。

① 船舶自身　② 船上的限制区域　③ 船舶周围区域　④ 港口设施

A. ①②③④　　B. ①②③　　C. ①③④

67 保安等级 2 时，采取加强监控和监视能力的附加保安措施不包括____。

A. 增加保安巡逻的频次和范围

B. 准备对船体进行水下检验

C. 增加保安值班人员

68 保安等级 3 时，SSP 应列出对货物装卸采取的保安措施，其中可包括____。

① 停止货物装卸

② 核对已装载的危险、有害物质的清单

③ 增加目视检查的频次

④ 核对已装载的危险、有害物质的装载位置

A. ①②③④　　B. ①②④　　C. ②③④

69 保安等级 3 时，船舶装卸货物应采取的保安措施是____。

A. 加强检查确保货物正确装载

B. 加强目视和实地检查的频次和力度

C. 停止货物装卸

70 涉及货物装卸的保安措施应能____。

① 防止对货物的破坏

② 防止非船舶预定装载的货物装载、储存上船

③ 防止危险货物装船

A. ①②　　B. ①②③　　C. ②③

71 保安等级 1 时，交付船舶物料应采取的保安措施是____。

A. 确保立即对船舶物料的堆放采取系固等保安措施

B. 对船舶物料进行更纤细的检查

C. 限制或停止船舶物料装船

72 船舶物料交付保安措施的作用包括____。

① 确保船舶物料和包装的完整性

② 防止接收未经检查的物料

③ 防止破坏

④ 防止接收未经预订的船舶物料

A. ①②③④　　B. ①②④　　C. ②③④

73 保安等级 3 时，交付船舶物料应采取的保安措施是____。

A. 拒绝船舶物料装船

B. 接受物料之前的核查和加强检查

C. 确认船舶物料与清单相符

74 保安等级 1 时，交付船舶物料应采取的保安措施是____。

A. 在装船之前进行检查，确认船舶物料与清单相符

B. 拒绝船舶物料装船

C. 接受物料之前的核查和加强检查

75 对所有无人照管行李进行 100% 的 X 射线检查属于保安等级____时采取的

保安措施。

A. 1　　B. 2　　C. 3

76　无人照管行李应在____之前经过识别、扫描检查以及搜查。

A. 接受　　B. 装上船　　C. 交付

77　船舶通常需要重点保护的人员包括____。

① 船舶人员、乘客　② 偷渡客

③ 来访者、卖主　④ 机修工、港口设施人员

A. ①②③④　　B. ①②③　　C. ①③④

78　没有必要对行李分别进行船上和港口检查，如都有检查设备，最终应由____负责检查。

A. 船舶　　B. 装卸公司　　C. 港口设施

79　国际法上的海盗罪是指私人船舶或飞机上船员、机组成员或乘客为了私人目的在____或____的地方对另一船舶或飞机或该船上、机上的人或财物非法使用暴力、扣留或其他掠夺的行为。

A. 内海；任何国家管辖范围以内

B. 公海；任何国家管辖范围以外

C. 公海；任何国家管辖范围以内

80　____是以抢劫财物为目的的，属于游击性质。

A. 小股海盗

B. 属于有组织犯罪团伙的海盗

C. 属于分离主义者或恐怖分子的海盗

81　国际海事局把所有在海上发生的登船劫持或暴力事件皆归纳为海盗行为，而不论肇事的地点是在____还是____范围内。

A. 公海；领海　　B. 公海；内水　　C. 领海；内水

82　防范海盗措施的制订应首先考虑遭遇海盗劫持时要确保____的安全。

A. 人员　　B. 船舶　　C. 货物

83　沿海国政府在防海盗及武装劫持船舶方面的责任包括____。

① 应建立一套船舶遭遇攻击事件时的指挥命令系统及运作反应程序

② 应及时搜集整理海盗袭船案件的信息与海盗资料并通知相关单位

③ 在有海盗和武装劫匪出没的水域，负有以良好船艺采取防范措施的最终责任

A. ①③　　B. ①②　　C. ①②③

84　安全舱室的设置应满足____原则。

① 隐秘性　② 安全性　③ 一致性

A. ②③　　B. ①②　　C. ①②③

85　沿海国政府应根据水域内海盗攻击的____的统计，评估海盗攻击船舶的性质，对过往船舶提出建议性措施。

① 类型　② 地理位置　③ 犯罪手法

A. ①③　B. ①②　C. ①②③

86 船舶应对预定航次航行区域的海盗威胁进行____，在此基础上制订并落实本船海盗措施及海盗袭击事件的应急处理工作。

A. 风险统计　B. 风险评估　C. 风险预测

87 船员进入安全舱室后，食品及饮水应由____负责管理，分配时应考虑个人需求及在安全舱室内可能停留的时间。

A. 船长　B. 船舶保安员　C. 专人

88 针对海盗活动区域、规律及作案特点经常有变化的情况，各轮____应注意收集海盗活动信息。

① 船长　② 船舶保安员　③ 值班驾驶员

A. ②③　B. ①②　C. ①②③

89 刀片刺网应适当地固定在船舷，建议每隔____间距交替在刺网的上部或下部通过卡箍或钢丝与船体固定。

A. 100 cm　B. 50 cm　C. 80 cm

90 BMP 4 规定，加强值班警戒的设备可包括____。

① 足够的双筒望远镜　② 配备夜视装置　③ 制作逼真的假人

A. ②③　B. ①②　C. ①②③

91 刀片刺网的种类包括三种，其中____是链式螺旋形的。

A. 笼形　B. 未弯曲形　C. 螺旋形

92 当遭遇海盗袭击时，全体船员应立即按防海盗应急部署____。

A. 撤退至安全舱室　B. 到指定地点集合　C. 做好弃船准备

93 当遭遇海盗袭击时，任何船员都要____。

① 放低身体　② 利用地形和就近较好的掩体　③ 避免向舷外探头看海盗

A. ②③　B. ①②　C. ①②③

94 一旦发现海盗挂上挂钩，____应立即使用工具砍断、解除海盗的绳子或挂钩。

A. 负责摘钩人员　B. 水手长　C. 船舶保安员

95 海盗登船时，主要靠____的掩护。

A. 海盗本人

B. 海盗船上其他人

C. 海盗本人及海盗船上其他人

96 如发现劫船者的意图是____时，船长、船舶保安员或指派的人员应启动紧急停车程序，设法使本轮处于暂时不可操纵状态，以延长反应时间。

A. 杀害全体船员

B. 以本船作为攻击武器

C. 掠夺船舶和货物

97 武装海盗登轮后，____时，可能会加害船员。

① 如果收获不大 ② 受到威胁，担心被认出 ③ 想劫持整个船舶

A. ②③ B. ①② C. ①②③

98 一般而言，船舶在被劫持期间，以下陈述正确的是____。

A. 除生命受到明显威胁外，不要抵抗武装入侵者

B. 船长应与劫持者谈判

C. 船员应与劫持者谈判

99 关于暗号，以下陈述正确的是____。

A. 当某些人受到海盗劫持或在威胁下通信时，暗号便于使其他船员知晓并及时采取措施

B. 暗号可以写在纸上

C. 暗号只能采用手势

100 钛雷弹垂直发射高度在____米左右，猛然爆炸，爆炸声音非常大。

A. 150 B. 200 C. 300

101 防海盗电网的运行电压高达____伏特，能使攀爬货轮的海盗即刻晕厥，但不危害其生命。

A. 200 B. 3 000 C. 5 000

102 钛雷弹可以作为船舶防范海盗袭击的非武装器械，其通常由____构成。

① 纸筒 ② 发射药 ③ 雷药。

A. ②③ B. ② C. ①②③

103 船舶保安报警系统由____负责日常维护、测试并保存该设备的技术说明书以及操作程序。

A. 二副 B. 船舶保安员 C. 三副

104 AIS 的显示及控制单元应安装在____的位置。

A. 驾驶台便于航行值班人员操作观察

B. 船舶保安员的房间内

C. 船长的房间内

105 AIS 设备由____负责使用，日常管理工作由____负责。

A. 值班驾驶员；船舶保安员

B. 船长、驾驶员；船舶保安员

C. 船长、驾驶员；二副

思考练习题答案

一、Z07

1. 判断题

1 B	2 B	3 B	4 A	5 A	6 A	7 B
8 A	9 B	10 B	11 B	12 B	13 B	14 B
15 B	16 B	17 B	18 A	19 A	20 A	21 A

2. 选择题

1 A	2 C	3 C	4 A	5 B	6 C	7 C
8 C	9 A	10 B	11 C	12 A	13 C	14 C
15 A	16 A	17 C	18 A	19 B	20 B	21 C
22 C	23 C	24 C	25 C	26 C	27 A	28 C
29 A	30 B	31 A	32 C	33 C	34 B	35 B
36 B	37 A	38 B	39 B	40 A	41 A	42 B
43 B	44 B	45 B	46 C	47 C	48 B	49 A
50 B	51 C	52 C	53 C	54 C	55 C	56 A
57 A	58 A	59 B	60 A	61 B	62 C	63 C
64 A	65 B	66 A	67 C	68 A	69 B	70 A
71 A	72 B	73 B	74 A			

二、Z08

1. 判断题

1 A	2 B	3 A	4 B	5 B	6 A	7 B
8 B	9 B	10 A	11 B	12 A	13 A	14 A
15 B	16 A	17 B	18 B	19 A	20 A	21 A
22 B	23 B	24 B	25 B			

2. 选择题

1 A	2 B	3 A	4 C	5 A	6 B	7 C
8 C	9 C	10 C	11 B	12 C	13 A	14 C
15 B	16 A	17 B	18 C	19 C	20 B	21 B
22 C	23 B	24 B	25 C	26 A	27 C	28 B
29 A	30 B	31 C	32 A	33 B	34 C	35 B
36 B	37 C	38 A	39 A	40 C	41 B	42 C
43 B	44 B	45 C	46 B	47 C	48 C	49 A
50 C	51 C	52 A	53 B	54 C	55 B	56 B
57 C	58 C	59 B	60 C	61 A	62 C	63 B
64 A	65 B	66 B	67 B	68 B	69 C	70 A
71 A	72 A	73 A	74 A	75 B	76 B	77 C
78 C	79 B	80 A	81 A	82 A	83 B	84 C
85 C	86 B	87 C	88 B	89 B	90 C	91 A
92 B	93 C	94 A	95 B	96 B	97 C	98 A
99 A	100 A	101 C	102 C	103 B	104 A	105 C

参考文献

[1] 经修订的 1974 年《国际海上人命安全公约》(1974 SOLAS).
[2] 《国际船舶和港口设施保安规则》(International Ship and Port Facility Security Code(ISPS Code 或称 ISPS 规则).
[3] 经 2010 年修订的《1978 年海员培训、发证和值班标准国际公约》(International Convention on Standards of Training, Certification and Watchkeeping for Seafarers).
[4] 中华人民共和国国际船舶保安规则(交通部令 2007 年第 2 号).
[5] 张晓. 船舶保安培训教材[M]. 北京:人民交通出版社,2003.
[6] 俞秋明,余项树. 船舶保安意识与职责[M]. 武汉:武汉理工大学出版社,2015.
[7] 陈秋妹. 船舶保安意识与职责. 北京:人民交通出版社,2012.

附 录

P1 带刀镰的钢丝卷

P2 安装带刀镰的钢丝网

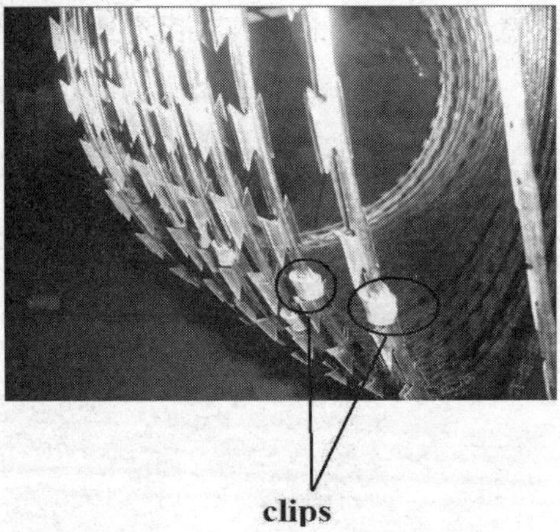

P3 带刀镰的钢丝卷

P4 船舷加装带刀镰的钢丝网

P5 船舷加装带刀镰的钢丝网

P6 可移动式防弹盾牌

P7 固定式防弹盾牌

P8 防海盗器具

P9 舷边正在安装的带刀镰的铁丝网

P10 高压水龙及支架

P11 高压水枪

P12 舷边喷射高压水

P13 防海盗高压电网

P14 高压电网

P15 自制火箭发射枪

P16 船舷两侧悬挂诸多空油桶

P17 自制燃烧瓶

P18 在船尾安装逼真的假人

P19 在两舷墙边架设铁丝网

P20 （一般在驾驶台两侧）安装钛雷（一种特制的烟花礼炮）发射筒

P21 激光眩目枪

P21 驾驶台窗户安装防护钢板、贴玻璃防爆膜（透明的聚碳酸酯）